새벽에 쓰는
흔적의 축적

새벽에 쓰는
흔적의 축적

중수들의 생존방식
독/시/자/생

조현상(긍정의 조나단) 지음

닷별

프롤로그

새벽은 인생의 고수들이 지배하는 시간의 영역이다. 새벽에 미라클 모닝을 여러 번 시도했으나 여러 번 실패했다. 새벽경영연구소 카페에 가입하고 함께 미라클 모닝을 하게 되면서 점차 새벽이 나의 시간이 되었다.

함께 단톡방에 기상 시간을 알리며 독서를 하고 푸시업을 하고 블로그에 글을 썼다. 이 책은 그간 써온 블로그의 일부를 모아 펴낸 것이다.

글을 쓰고 책을 낸다는 것은 자신의 삶에 대한 생각의 파편을 모으는 지난한 과정이다. 매일 새벽 글쓰기를 통해 생각을 구조화하고 있다.

고수들이 즐비한 새벽 시간에 삶의 중수들이 고수가 되기 위한 방법을 알아냈다. 새벽에 쓴 흔적의 글을 축적하면서 중수들의 생존방식을 독/시/자/생이라고 명명해 보았다.

독서하고 요약하기, 시를 짓고 시를 쓰기,

자기 말로 정의하기, 생각한 것 정리하기.

첫째, 독서하고 요약하기다. 책을 읽었으면 요약하고 울림이 있는 한 문장으로 요약해야 한다. 인출 단서로 만들어야 요긴하게 활용할 수 있다. 기록하지 않으면 기억되지 않는다. 머릿속에 장기 기억을 하든가 SNS에 기록하든지 시도해야 한다. 요약의 흔적을 남겨야 한다.

둘째, 시를 짓고 시를 쓰기다. 시인은 딴 동네 사람이 아니다. 우리 모두가 시인이 되어야 한다. 시를 써야 삶을 풍요롭게 누릴 수 있다. 한 줄이라도 시를 쓰는 흔적을 남겨야 한다.

셋째, 자기 말로 정의하기다. 훌륭한 위인의 아무리 훌륭한 명언도 자기의 것이 되지 않으면 무용지물이다. 자기 말로 새롭게 탄생시켜야 한다. 입에서 뿜어서 터져 나온 말이어야 자신의 말이 될 수 있다. 자기 말로 정의한 흔적을 남겨야 한다.

넷째, 생각한 것 정리하기다. 살아가면서 오만가지 생각을 하게 된다. 생각을 정리하고 구조화해야 어려운 상황에서 흔들리지 않고 대응할 수 있다. 경험하고 생각한 것을 정리해야 자기 생각이 정립된다. 정리의 흔적을 남겨야 한다.

한마디로 독서하고 시를 써야 자생력이 생긴다고 요약할 수 있다.

책 내용을 정리하여 알파벳 A to Z 문장을 만들어 보았다.

AI 인공지능에 대체되지 않기 위해

Blog 블로그에 글을 쓴다.

Change 변화가 조금씩 일어나고

DID 들이대(DID)를 시도한다.

Excellence 탁월함을 5분 안에 보여주는

Festival 삶을 추구하지만

Goal 목표는 멀기만 하다.

Hire a mentor 멘토를 고용하며

Influencer 인플루언서가 되려고 한다.

Judgment 판단컨대 고수의 길은 쉽지 않다.

KUNGFUS 호모쿵푸스가 되고자

Learning 배우고 또 배운다.

Master, Mentor's PM 멘토와 같은 고수가 되기 위해

New Neighbor 새로운 이웃을 만나며

Originality 독창성을 추구한다.

Possible 가능한 방법을 찾아

Question 질문하고

Rich, Refusal master 부자 마인드와 거절의 달인으로서

Self management 자기 경영을 시도한다.

Time management 새벽 시간을 지배하며

Under breathing 숨을 쉬는 동안

Value 가치 있는

Writing 글을 쓰면서

eXit 출구를 찾아야 한다.

Young man 젊은 청년의 마인드로 깊은 인생을

Zero 제대로 살아가야 한다.

그 시작은 '독시자생'이다. 독서하고 시를 쓰며, 자기 말로 정의하고

생각한 것을 정리해야 깊은 인생을 살아갈 수 있다. 나도 그렇게 되고자

새벽에 쓰는 흔적의 축적

고수의 영역인 새벽 시간을 활용하고 있다. 이런 시도가 독자들의 삶을 변화시키는 마중물이 되었으면 좋겠다. 흔적이 축적되면 기적이 일어난다.

조현상(긍정의 조나단)

2장_ 시를 짓고 시를 쓰기 - 시의 흔적

3장__자기 말로 정의하기 - 정의의 흔적

4장__생각한 것 정리하기 - 정리의 흔적

1장

독서하고 요약하기
- 요약의 흔적

독서하고 요약해야
나약하지 않고 유약하지 않다.

01.
지금 하지 않으면 언제 하겠는가 (MENTOR'S PM)

팀 페리스가 인생 교사 133명을 인터뷰하고 기록한 52개의 지혜와 통찰의 책이 『지금 하지 않으면 언제 하겠는가』이다. 그는 인생 교사의 통찰을 연료로 삼아 다시 힘찬 시동을 걸어보라고 말한다. "인생의 25%는 자신을 찾아내는 데 써라. 남은 75%는 자신을 만들어 가는 데 집중하라."고 말한다. 52가지 지혜를 멘토들의 프로젝트 매니지먼트 (MENTOR'S PM)라는 인출 단서로 정리해 보았다.

M) Memento mori(메멘토 모리)

죽음을 생각해야 삶을 얻는다. 이 같은 역설을 인생 전반에 적용하면 좋은 개선과 진전을 얻을 수 있다. 메멘토 모리는 로마군의 전통이다. 개선장군이 마차를 타고 로마 시내를 행진할 때 로마 시민들의 함성 속에 자신을 교만하지 않도록 개선장군의 뒷자리에 노예 소리꾼을 두어 "메멘토 모리"를 외치게 한다. "죽음을 기억하라"라는 말은 '지금은 잘 나가지만 겸손해라.'라는 말이다.

E) Excellence in 5 minutes(5분 안에 증명하라)

탁월함은 앞으로의 5분이다. 탁월함은 5분 안에 증명될 수 있어야 한다. 사람들은 최고가 되는 첫걸음을 가능한 한 폭넓게 사유하고, 강력한 비전을 가져야 한다고 생각한다. 하지만 이는 환상이다. 톰 피터스가 말하는 최고가 되는 첫걸음은 작게 생각하고, 오늘 하루가 끝나기 전에 근사한 일을 하는 것이다. 장기 계획 따위는 잊어버리라고 한다.

지금부터 5분 동안 온 힘을 쏟는 삶을 계속하라. 최소 하루에 한 가지는 매력적인 일을 해야 한다.

N) Now & New service(지금 새로운 서비스를 내놓아라)

"내가 나를 위하지 않으면 누가 나를 위해 줄 것인가? 지금 하지 않으면 언제 할 날이 있겠는가?"이스라엘 현자, 랍비 힐렐은 이 말을 항상 가슴에 새긴다. 같이 근무하는 동료들에게 지나가는 말로 하는 게 있다. "다음에 밥 한 끼 먹어요." 이건 먹을 수도 안 먹을 수도 있는 50%의 허황된 약속이다. 지금 해야 한다. 지금 하지 않는 약속은 하지 않겠다는 강력한 의사 표현이다.

"'이걸 사람들이 좋아하겠어요?'라는 지적을 들었다면 그건 당신에게 매우 고무적이다. 사람들이 좋아하는 걸 만들면 틀림없이 늦다. 사람들이 좋아할지도 모르는 것을 만들어야 한다."그렇게 탄생한 것이 에어팟, 액션캠이다. 이상한 제품이라고 생각한 제품을 줄 서서 사는 고생을 서슴지 않고 있다. 모든 방법을 사용해 아무도 모르는 것을 내놔야 한다. 그래야 사람들이 지갑을 쉽게 연다.

T) Today, Time of deep work(오늘, 집중 작업 시간)

오늘이 인생 최고의 날인가? 매일 자문해야 한다. 스콧은 하루 3시간을 집중 작업으로 설정해 놓고 이 시간에 가장 중요한 일을 한다. 요즘처럼 24시간 연결되어 있는 세상에서는 매우 어려운 일이다.

그는 자신에게 이야기한다. 수작 부리지 말고 집중 작업 시간 3시간 동안 일을 하고 잠자기 전 오늘이 인생 최고의 날인지 자문하라고 한다.

O) gOd(신은 겁쟁이를 통해 자신의 뜻을 전달하지 않는다)

영어로는 "God does not convey his meaning through coward." 사자성어로 신겁자전(神怯自傳)이라는 신조어를 만들어 보았다.

농구 게임 5초 전 47대 45 이 상황에서 테리 선수처럼 버저비터를 던져야 한다. 림을 벗어난 버저비터는 많은 비난을 받지만 신경 끄기의 기술로 이겨내야 한다. 그리고 기회를 만들어 계속 시도해야 한다. 계속 주사위를 던질 수 있는 사람이 되어야 한다. 자신이 겁쟁이인지 아닌지 계속 살펴보아야 한다.

R) Refusal master(거절의 달인)

세계 최고 퍼포머들의 특징 5가지는 책벌레, 입이 무겁다, 작은 몰입의 천재들, 타인의 성장에 기꺼이 투자, 거절의 달인이다. 그중 거절의 달인은 TV 거절, 정크 푸드 거절, 의미 없는 인터뷰 거절, 존재하지도 않는 잠재적 고객 거절하기다. 쓸데없는 곳에 신경을 끄고 자기의 시간을 확보하는 달인이 되어야 한다.

S) Simple & Easy(단순하고 쉽게)

불가능한 도전을 가능한 것으로 만들어 주는 한 단어를 찾는 것이 성공의 첫걸음이다. 단순하고 쉽게 많은 일을 놀랍게 해내는 사람들은 마법 같은 단어를 갖고 있다. '쉽게!' 쉬운 일을 어렵게 하는 사람이 있고,

어려운 일을 쉽게 하는 사람이 있다. 쉬운 일은 단순하다. 단순한 일은 쉽다.

P) Point of impact(충격점에 집중하라)

충격점은 공이 라켓과 접촉하는 지점이다. 정지 화면으로 보면 최고의 선수들이 이 중요한 순간에 눈이 공을 향해 있음을 알 수 있다. 본질에 집중하라는 뜻이다.

M) Mania(미쳤다는 소리를 듣고 있는가?)

성공한 기업가가 되고 싶다면 '무난하다.', '나쁘지 않다.', '썩 괜찮다.'는 평가를 기어코 거부해야 한다. 그건 당신이 무난한 수준조차 되지 못한다는 정중한 조롱일 뿐이다. 이런 평가를 하는 사람은 눈곱만큼도 당신에게 관심이 없다. 성공하고 싶다면 미친 스토커가 되어야 한다. 새로운 일, 특히 통념을 무너뜨리는 새로운 혁신을 시도할 때는 미쳤다는 말을 반드시 들어야 한다.

'지금 하지 않으면 언제 하겠는가.'의 메시지는 지금 가장 중요한 일을 탁월하게 하라고 한다. 그 방법은 충격점에 집중하고 마니아로서 3시간 집중 시간을 갖는 것이다.

인생은 MENTOR'S PM, 멘토의 프로젝트 매니지먼트(PM)로 관리해야 한다.

02.
에이트(학점을 PT하라, ABCDEF PT)

내가 지금 하고 있는 일 또는 공부가 인공지능(AI)에 대체될 것인가? 10년 뒤 인공지능에게 지시를 받을 것인가? 인공지능의 약점은 무엇인가?

무인 편의점, 무인 카페, AI 서빙 로봇이 등장했다. 자기 일이 아니라고 먼 발아래서 바라만 본 이들도 있었을 것이다. 지금 젊은이들은 아르바이트 자리를 구하기도 어려운 실정이다. 코로나로 촉발된 비대면 업무는 신입 사원 선발에 인공지능이 면접을 하고 있다. 인공지능 면접관에게 심층적인 나의 모습을 보여줘야 하는 상황이다.

이지성 저자가 말하는 인공지능에게 대체되지 않는 방법 『에이트』, 8가지를 살펴보자.

> 1. 디지털을 차단하라.
> 2. 나만의 '평생 유치원'을 설립하라.
> 3. '노잉'을 버려라, '비잉' 하고 '두잉' 하라.
> 4. 생각의 전환, '디자인 싱킹' 하라.
> 5. 인간 고유의 능력을 일깨우는 무기, 철학하라.

6. 바라보고, 나누고, 융합하라.

7. 문화 인류학적 여행을 경험하라.

8. 나에서 너로, 우리를 보라.

스티브 잡스가 죽기 전까지 왜 인공지능을 붙잡았고 인문학 공부를 하라고 했을까? 빌 게이츠는 인공지능 정보가 있는 곳이라면 만사를 제치고 달려간다고 한다. 인공지능의 실체를 파악했기 때문이다. 저자는 8가지 방법을 통해 공감 능력(Empathy ability)과 창조적 상상력(Creative imagination)을 키우라고 말한다. 인공지능은 사람의 마음을 보듬는 공감능력이 없고, 미래를 풍성하게 하는 상상력이 없기 때문이다.

인공지능에게 대체되지 않는 8가지 방법, 에이트를 나에 맞게 정리해보았다.

A) Analog(디지털을 차단하라)

집에서 제일 시간을 잡아먹는 TV를 컴퓨터 모니터로 사용하고 있다. TV를 없앴더니 유튜브가 달려왔다. 실리콘 밸리 창업자들은 디지털을 장려하면서 자기들은 집에서 사용하고 있지 않다. 아이러니다. 자기만의 시간을 확보하려면 디지털 기기 사용을 줄여야 한다. 거절의 달인이 되어야 한다. 함께 시도해 볼 것은 이면지에 좋은 문장 필사하기, 인출 단서 암기하기, 독서다.

B) Being, Doing(노잉을 버리고 비잉, 두잉하라)

하버드 경영대학원은 플립러닝을 도입하면서 지식교육(노잉)을 공감 능력(비잉)과 창조적 상상력(두잉)으로 바꾸었다. 플립러닝은 '거꾸로 학습', '역전 학습'으로 집에서 예습하고 강의실에서 토론하는 방식이다. 단순 암기 교육에서 레오나르도 다빈치와 아인슈타인처럼 생각 공부를 하는 것이다. 다빈치와 아인슈타인의 생각 공부법은 고전을 읽고 쓰고 생각하고 배운 것을 토론하고 실천하는 것이다. 비잉, 두잉의 최고봉은 새벽에 독서하고, 리뷰하고 블로그 글을 쓰는 것이다. 궁극에는 책을 쓰는 것이다.

C) Convergence(바라보고, 나누고, 융합하라)

인공지능은 '트롤리 딜레마'를 판단하지 못한다. 자율 주행차에 트롤리 딜레마를 적용했다고 한다. 자율 주행차는 어쩔 수 없이 사람을 칠 수밖에 없는 위기 상황이 오면 어떻게 할지를 모른다. 그래서 인간이 그런 상황을 대비해서 정의해야 한다. 자율 주행차를 제대로 만들려면 철학과 문학을 알고 인간의 판단 영역을 적용해야 한다. 요즘 한 분야의 전문가는 문외한일 수 있다. 현실을 바라보고, 자기의 생각을 나누고, 융합할 수 있는 능력이 필요하다.

D) Design thinking(생각의 전환, 디자인 씽킹하라)

요즘 건강검진을 하면 아무 거리낌 없이 MRI(자기공명영상장치)를 접한다. 더그 디츠가 개발할 당시에 MRI는 어린이에게 위험한 장비로 생각되었다. 장비 디자인을 우주선 모양으로 바꾸니 어린이가 MRI를 두려워하지 않고 우주선에 놀러 온 것처럼 생각했다. 우리도 집, 직장의 환경을 바꿔 생각을 전환할 수 있는 기회를 만들어야 한다.

E) Education(나만의 평생 유치원을 설립하라)

몬테소리의 교육 철학은 자유, 몰입, 성취이다. 아이들은 재미있는 것을 발견하면 자유롭게 놀고 재미있게 해낸다. 아이들이 이루어 낸 성취는 잠재력을 깨닫는 기쁨과 친구들과 어른들의 칭찬과 격려를 받는 기쁨이다. 그러던 것이 어른이 돼가며 일이 짐이 된다. 나만의 평생 유치원은 새로운 것을 배우고 가르치려 하는 것이다. 부족한 것은 비용을 지불하고 최고의 멘토를 고용하면 된다(Hire a mentor!). 공부는 숨을 멈추는 그 직전까지 하는 것이다.

F) For us(나에서 너로 우리를 보라)

인간을 인간답게 만드는 것들 중에서 최상위는 기부, 봉사, 인권이다. 인공지능은 기부, 봉사, 인권을 생각할 수 없다. 나와 너에서 우리까지 아는 삶을 살아가야 진짜 인간다운 삶이다. 톨스토이의 세 가지 질문에 대한 답이 생각난다. 지금 함께하는 사람에게 선행을 베푸는 것이다. 오늘 결초보은하기 위해 따뜻한 차 한 잔을 건네야 하겠다.

P) Philosophy(인간 고유의 능력을 일깨우는 무기, 철학하라)

인공지능으로부터 나를 지키는 무기로서 철학은 힘이 있을까? 위대한 철학자들은 철학적 사고 능력 '트리비움(Trivium)'을 생각했다. 트리비움은 세 가지 길이다. 문법학, 논리학, 수사학을 의미한다. 문법학은 철학서를 읽고 내용을 이해하는 것, 논리학은 철학서에서 터득한 내용으로 내 생각을 하는 것, 수사학은 내 생각을 글로 쓰고 나누는 것이다. 트리비움은 철학 내용을 수용하고, 생각하고 표현하는 것이다. 아무 생각 없이 맹목적으로 수용하는 것은 철학하는 것이 아니다. 아무리 좋은 말도 자기 것이 되지 않으면 자기에게는 쓰레기다. 오늘 암송할 말씀과 명언은 무엇인가?

T) Tour(문화 인류학적 여행을 경험하라)

세계 수재들이 미네르바 스쿨을 택한 이유는 무엇일까? 미네르바 스쿨은 플립러닝으로 공부한다. 한국, 미국, 영국, 독일, 대만, 아르헨티나, 인도 7개국에 거주하면서 현지 문화와 산업을 배운다. 이 학생들의 강점은 경험이다. 한국에서 경험한 히트 상품을 자기 나라에 가져다 팔아도 큰 사업거리가 된다. 여행자가 아닌 생활인으로, 이방인이 아닌 현지인으로 문화를 이해하면서 하는 여행은 인공지능이 따라갈 수 없다. 집 밖으로만 나가도 문화 인류학적 여행이다.

파스칼은 『팡세』에서 "인간의 위대성은 자기 자신이 비참한 존재라는 것을 알고 있는 것으로부터 온다. 인간이 자기의 비참함을 안다는 것에 그의 위대성이 있는 것이다."라고 말하였다. 인공지능에게 뒤처질 것 같지만 인간의 위대함으로 방어하고 이용해야 한다.

ABCDEF PT(학점을 프레젠테이션 하라!)를 노트에 써보자. 인공지능에 대체되지 않도록 공감 능력과 창조적 상상력을 키워야 한다.

03.
일생에 한번은 고수를 만나라(MASTER)

나는 내 분야의 고수인가? 일생에 고수를 몇 번 만났는가? 고수와 같이 활동하고 있는가? 고수(Master)는 어떤 분야나 집단에서 기술이나 능력이 매우 뛰어난 사람이다.

경지에 오른 사람들, 그들이 사는 법은 일반인과는 다르다. 고수가 되기 위한 조건은 아는 것 같은데 제대로 모른다. 알아도 실행력이 부족하다. 한근태 저자는 『일생에 한번은 고수를 만나라』에서 고수의 특징을 51가지로 정리하였다. 그런 고수들을 일생에 한 번 만나는 것은 행운이다. 곁에서 함께 생활하는 것은 축복이다. 그런 사람을 만나면 기쁘게 받아들여라!

사람이 온다는 건 실은 어마어마한 일이다.

그는 그의 과거와 현재와 그리고 그의 미래와 함께 오기 때문이다.

한 사람의 일생이 오기 때문이다.

_정현종 시인의 '방문객'

한근태 저자가 정리한 51가지 고수의 생각을 추려 MASTER 인출 단서로 정리해 보았다.

M) Miri Miri, Multiplayer(미리미리, 잡종이 강세다)

부산에 있는 리노공업 회사는 강사료를 미리 입금하는 것으로 유명하다. 회사 곳곳에는 'MIRI MIRI'라는 말이 붙어 있다. 사장의 철칙이 '미리미리'라고 한다. 『일생에 한번은 고수를 만나라』 책이 2013년에 나왔는데 지금 보니 리노공업 주가가 10배 정도 오른 것 같다. 미리미리 투자는 하셨는지 모르겠다. 미리미리 결과물을 준비하는 자가 고수이다. 난 무엇을 미리미리 준비하고 있는가?

한 가지만 잘하는 전문가보다 여러 가지를 잘하는 멀티플레이어가 각광받는 시대다. 박식가의 뜻을 가진 '폴리매스'라고도 말한다. 저자는 멀티플레이어가 되기 위한 조건을 전공에 대한 집착을 버리기, 폭넓은 시야 가지기, DNA가 다른 사람의 모임에 적극 참석하기, 평생 학습을 하라고 조언한다. 새해에는 어떤 모임에 참석하고 무엇을 배울 것인가?

A) All in, Arranged contents(밥그릇을 걸어야 한다. 자기만의 콘텐츠)

학교 선생과 학원 선생 중 누가 더 치열하게 공부할까? 확률적으로 학원 선생이다. 학원 선생은 매달 평가받기 때문이다. 고수는 경쟁을 통해 성장하기 때문에 모든 것을 다 걸어야 한다. 고수가 되려면 밥그릇을 걸어야 한다. 퇴사하기 전 혼자 힘으로 살아남기 위해 올인할 것은?

고수는 자기만의 콘텐츠를 가지고 있다. 비교적 짧은 시간에 가장 정선된 콘텐츠를 가지는 방법은 독서다. 저자는 10년간 3천 권의 책을 읽었다고 한다. 나만의 정리된, Arranged 콘텐츠는 무엇인가?

S) Start easily, Store+Simple(과감한 시작, 축적해야 돌파한다. 심플하게 산다)

저자는 중국어 배우기를 몇 년째 지키지 못하고 있었다. 비용과 가치를 따지다 보니 학원까지 가기가 어려웠다. "여기까지 오는 게 가장 힘듭니다. 여기 오셨으니 이미 당신은 성공한 겁니다." 헬스장 입구 문구가 해답이다. 고수는 그럼에도 불구하고 과감히 시작한다. 과감히 시작하면 쉽게 포기하지 않는다. 우물쭈물하다가 우물 안에 계속 갇혀 있을 수 있다. 내년에 내가 도전할 종목은 쉽게 시작할 수 있나?

고수들은 다작한다. 양질 전환의 원리다. 피카소는 2만 점이 넘는 작품, 아인슈타인은 240편의 논문, 에디슨은 1,039건의 특허를 신청했다. 창조는 축적의 결과이다. 다작을 해야 좋은 결과 몇 개가 나온다. 고수들의 집은 군더더기 없이 단순하다. 고수들이 여행할 때 짐은 가볍다. 하수들의 가방은 이민 가방이다. 하수들의 삶은 집중하지 못하고 복잡하고 분주하다. 단순하게 사는 것은 덜 소중한 것을 덜어내고 가볍고 깨끗하게 사는 것이다. 심플하게 살면서 축적해야 할 것은 무엇인가?

T) Think different, Time management(역발상의 천재들, 시간 도둑이 되지 마라)

1967년 박정희 대통령은 4명의 건설사 대표를 만나서 소양강댐 계획을 이야기한다. 건설사 대표의 생각은 공사 참여와 입찰가였다. 정주영 회장은 다르게 생각하고 그 당시에 상습 침수지역을 매입하기 시작했다. 그곳이 지금의 압구정동이다. 같은 정보를 달리 해석해 대응하는 사람이 고수다. 나는 남들과 무엇을 다르게 생각하는가?

고수는 시간을 잘 지킨다. 최소한 10분 먼저 도착하는 습관을 가지고 있다. 시간을 잘 지킨다는 것은 성실성의 척도이다. 록펠러의 어머니는 아들에게 두 가지를 당부했다고 한다. "예배 시작 30분 전에 교회에 도착할 것과 맨 앞자리에 앉을 것." 두 가지였다. 나에게 매일 주어진 86,400초 시간 관리는 잘하고 있는가?

E) Experience to Critical Point, Everyday New Meeting(한계에 도전해 본 경험, 날마다 다른 사람과 밥을 먹어라)

2003년 애니카 소렌스탐은 남자 PGA 경기에 출전했다. "제 자신이 얼마만큼 할 수 있는지 알고 싶었어요. 제 게임에 활력을 줄 거라 생각했죠." 고수가 되려면 자신의 한계에 도전해야 한다. 실전보다 더 강한 연습을 해야 최고를 만든다. 물이 끓는 온도 100도가 되기 전, 99도에서 멈추는 우를 범하지 말자. 물을 100도까지 끓여 라면을 먹는 사람이 맛을 아는 것 아닌가?

현대판 촌놈은 그 동네를 한 번도 벗어난 경험이 없는 사람이다. 매일 같은 사람하고만 만나면 편하다. 하지만 사람은 아는 만큼 보인다. 평소 아는 범위를 잘 벗어나지 못한다. 새로운 사람을 만나면 새로운 생각이 나온다. 내년에 계획한 새로운 만남은?

R) Routine, Relationship(자신만의 루틴을 만든다. 사람을 얻는 능력)

하수들은 생활이 불규칙하고 복잡하다. 바쁘지만 열매가 없다. 고수는 쓸데없는 일에 시간과 정력을 빼앗기지 않는다. 고수들은 할 일이 명확하다. '3정'이다. 정해진 일을 정해진 시간에 정해진 양 이상을 하려고 한다. How many routines do I have?

사귐은 순수한 목적으로 알고 지내야 한다. 지내다 보니 서로가 좋고 만나면 이야기할 것이 많다면 맛난 만남이다. 고수는 '독립불구 둔세무민'의 정신을 가지고 있다. 혼자 있어도 두렵지 않고, 세상과 떨어져 있어도 걱정하지 않는다. 덕은 마음을 얻는 것이다. 마음을 얻으려면 희생이 필요하다. 그리고 베푼 덕을 마음에 두지 않아야 한다. 현재 주변 사람들은 나를 어떻게 생각할까?

고수는 MASTER이다. 고수 그대는 행복을 주는 사람이다. 난 사람의 마음을 얻는 고수인가?

04.
최고의 변화는 어디서 시작되는가(CHANGE)

진짜 변화를 원하는데 되지 않는 이유는 무엇인가? 열정, 노력, 의지보다 중요한 환경 변화와 역할을 만나면 달라질 수 있다.

호박이 땅콩만 할 때, 통에 넣어 두면 딱 그만큼만 자란다. 그런데 사람도 그렇다.

-존 맥스웰

벤저민 하디는 『최고의 변화는 어디서 시작되는가』에서 여러 가지 변화 방법을 이야기 한다.

CHANGE로 뽑아낸 방법으로도 변화할 수 있다.

C) Compete & Collaborate(경쟁하고 협업하라)

"최고의 능력을 끌어내려면 공개적으로 경쟁하라."

올해 혼자 미라클 모닝(SAVERS)을 한다고 유난을 떨었지만 의지대로 잘되지 않았다. 미라클 모닝 카페에 가입하고 새벽을 사랑하는 사람들과 함께 일어난 시각을 알리고 목표를 공유하였다. 카페의 특징은 댓글을 달고 서로 응원하는 것이다. 함께 새벽을 지배하는 좋은 협업의 본보기이다. 6주간의 미라클 모닝을 마치니 새벽 시간을 가지는 루틴이 되었다. 올해 최고의 선택이자 성과이다. 혼자가 아닌 공개적으로 경쟁하고 함께 협업해야 변화된다.

H) Hire a mentor(멘토를 고용하라)

"가장 훌륭한 멘토는 당신이 돈을 지불한 멘토다."

발성법을 배우고 싶었다. 목소리 수련을 하면서 목소리의 세계를 알아가고 있다. 에너지가 많이 소모되는 하나의 운동이기도 하다. 발성 학원 선생님은 나의 멘토이며 나의 목소리 안내자이다. "새로운 경험에 의해 성장한 마음은 예전의 수준으로 돌아갈 수 없다."라는 올리버 웬들 홈스 주니어의 말이 다가온다. 일부 비용을 지불하고 거창하게 최고의 멘토를 고용하는 것은 어떨까? 내년에도 나는 그 멘토를 고용할 것이다.

A) Agitpunkt making(자기만의 성지를 만들어라)

"당신이 미래를 그리고 계획하며 중요한 결정을 내리고 신과 교감하려고 시도하는 등의 활동은 자기만의 공간에서 할 때 가장 효과적이다."

토요일 오전, 가끔 나만의 성지를 찾아간다. "어서 오세요!"라는 카페 주인의 인사를 받고 차 한 잔을 주문한다. 음악을 들으며 책을 펼친다. 주인의 극진한 차 한 잔의 배송 서비스를 받는다. 2시간 동안의 생각 정리와 휴식은 에너지 충천이다. 4천 원을 지불하고 얻은 나만의 아지트가 되었다. "산과 들과 호수는 누리는 사람이 주인이다."라는 말에 카페도 포함된다. 내가 주인 행세를 하며 몇억 가치가 되는 건물을 내 건물로 생각하며 누리는 것이다.

N) Neighbor change(만나는 이웃을 바꿔라)

"우리가 습관적으로 어울리는 사람들이 우리 인생의 성패를 결정한다."

데이비드 맥클레랜드의 말이다. 매일 만나는 사람이 그 사람의 운명을 결정한다고 한다. 인터넷에서 글쓰기 모임을 알고 참여하기 시작했다. 만나면 글 쓰는 방법에 대해 고민하게 된다. 지금은 시작 단계이지만 나눌 것이 있으면 나누어야 한다. 만남은 나의 선택으로부터 시작된다. 멋진 만남이 되려면 내가 성장하는 모습을 보여야 한다.

G) Grow to a high goal(자신의 실력보다 높은 수준의 목표를 설정하라)

"자신이 연주할 수 없는 곡을 쓴 후에 연주가 가능해질 때까지 연습에 연습을 거듭하는 것."

세계적인 연주자들은 일부러 외부적 압박을 자신의 환경에 편입시킨다. 2017년 29세인 존 버크는 애틀랜타 출신의 피아니스트다. 그는 새로운 프로젝트를 결정하면 녹음실 사용료를 바로 지불한다. 비용을 미리 지불하고 예정된 날짜에 녹음할 수 있도록 자신을 압박한다. 그리고 소셜 미디어를 통해 새로운 앨범 소식을 알린다. 팬들의 기대를 불러일으키고 자신의 목표를 공표하는 것이다. 버크가 29세에 7집 앨범을 발표할 수 있었던 다작의 비결이다. 존 버크의 셀프 압박! 올해는 책을 내자!

E) Environment change(환경을 변화시켜라)

"인간은 환경과 끊임없이 영향을 주고받는 불가분의 관계에 있다."

현재 글을 쓰고 있는 환경은 후배의 제안을 듣고 바꾼 것이다. 요즘 공부가 잘 안된다고 말했더니 후배가 환경을 바꿔보라고 했다. 책상과 컴퓨터와 스탠드 배치를 바꾸었더니 안정이 된 느낌이다. 역시 인간은 환경에 영향을 받는다. 지금 아늑한 분위기에서 부지런히 타이핑을 하고 있다. 고정된 의자에 얹은 온열 방석은 글을 따뜻하게 하는 새로운 환경이다.

최고의 변화는 어디서 시작되는가? 나의 의지에 더한 환경 변화이다. CHANGE!

05.
폴리매스, 두 우물 파는 잡종(경호팀)

우리나라에 많은 폴리매스가 나타날 수 있을까? 한 분야에서 전문가로 살아가기도 힘들다. 그럼에도 다재다능함을 요구하는 시대를 살아가고 있다. 현재는 잘 나갈지 모르나 한순간에 로봇과 장비로 대체되는 시대이다. 4차 산업혁명과 코로나를 생각하면 지금이 폴리매스를 고려해야 할 때이다.

폴리매스(Polymath)란 여러 주제에 대해 광범위하게 알고 있는 사람, 박식가를 말한다. 긍정적으로 표현하면 멀티 플레이어, 부정적으로 말하면 잡종이다. 레오나르도 다빈치, 아리스토텔레스, 벤저민 프랭클린과 같은 다재다능한 사람이다. 일반인의 삶과는 다르게 살아가는 사람들이다. 딴 동네 이야기일 수 있지만 폴리매스가 되려는 시도는 훌륭한 도전의 삶이 될 것이다.

경험하고 정리하기

『폴리매스』의 저자 와카스 아메드는 '떠오르는 청년 다빈치'로 불린다. 영국에서 태어나 유럽, 아프리카, 중동, 남아시아 여러 나라에서 살았다. 영국에서 경제학, 국제 관계학, 신경과학 과정을 공부했다. 외교 분야 기자, 「퍼스트」 잡지의 해외 특파원으로 전 세계 유명인과 인터뷰를 하였다. 「홀리 메카」의 편집인, '다빈치 네트워크'의 창립자로 다양한 활동을 하고 있다. 다빈치 사후 500주년 기념행사 공식 개막식의 주최자이자 큐레이터였으며 현재는 칼릴리 컬렉션 재단의 예술 감독이다.

저자 이력을 보며 역시 여러 곳에 살며 배우고 다양한 경험을 해야 훌륭한 책이 나올 수 있음을 깨달았다. 저자는 여러 경험을 했지만 진정한 배움은 『폴리매스』 첫 책을 집필한 5년간이라고 말한다. 자신의 소중한 경험을 잘 정리해야 새로운 것을 창조할 수 있음을 느낀다. 글을 쓰고 책을 써야 하는 이유이다.

호기심과 큰 그림 완성

저자는 폴리매스가 되기 위해 사고방식을 개혁하라고 말한다. 그가 주장하는 6가지는 다음과 같다.

1. 개성: 자기 자신을 이해하는 능력.
2. 호기심: 경계를 짓지 않고 중단없이 탐구하는 능력.
3. 지능: 다양한 자질을 배양하고, 연습하고, 최적화하는 능력.
4. 다재다능성: 여러 분야의 지식과 경험을 넘나드는 능력.
5. 창의성: 서로 무관해 보이는 영역들을 연결하고 종합해 창의적 결과물을 도출하는 능력.
6. 통합성: 다양한 지식의 갈래들을 통합해 '전체'를 그리는 능력.

폴리매스가 되기 위한 첫 단계는 자신을 이해하고, 호기심으로 탐구하며, 연습하고 창의적으로 통합하여 만들어 내는 것이다. 한마디로 호기심(Curiosity)을 가지고 창의성(Creativity)을 발휘하여 큰 그림(Big picture)으로 만들라는 것이다.

팀 페리스의 DSSS

현시대의 폴리매스는 누구인가? 여러 폴리매스 중 팀 페리스를 소개한다. 팀 페리스는 기네스북에 이름을 올린 탱고 무용수이자 킥복싱 챔피언이며, 다중언어자이다. 팀 페리스의 삶은 효율적이며 다양한 분야의 전문가가 되는 삶을 살고 있다. 『나는 4시간만 일한다』에서 소득은 늘리고 노동 시간을 줄이는 방향으로 인생을 설계하는 방법론을 제시한다. 누구나 경제적 자유를 누리기를 원한다. 그 경제적 자유는 시간적 자유이다. 4시간 만에 모든 걸 해치우면 되는 것이다.

저자는 새로운 분야의 일을 배우는 방법을 드럼 배우는 방법을 통해 알려준다. DSSS 학습모델이다.

1. 해체(Deconstruction): 드럼 칠 때 손쓰는 법, 기본 리듬, 반주, 훈련 주기 (기술 분야 세분화).
2. 선택(Selection): 간단하게 드럼 치는 목표 세우기(지난주 목표 카페에서 즉흥 공연).

DSSS는 세분화로 해체하여 목표를 선택하고 우선순위로 배열하고 안 하면 벌칙을 주는 것이다.

폴리매스를 들으면 어떻게 반응하는가?
폴짝폴짝 뛰면서
이젠 나도 할 수 있다고
매번 외치며
스스로의 한계를 거부해야 한다.

폴리매스가 되려면 새로운 습관으로 인내하며 간절한 새 인간이 되어야 한다. 그 해답은 혼자가 아닌 경호팀을 부르는 것이다.

경험하고 정리하기, **호**기심과 큰 그림 완성, **팀**페리스의 DSSS!
한 우물을 파는 방법을 알았다면 다른 우물은 좀 더 나을 것이다.
지금 되지 않으면 언제 폴리매스가 되겠는가?

06.
이런 사람 만나지 마세요(3M)

"어떻게 나에게 그럴 수 있어?" 드라마나 영화에서 믿었던 사람에게 배신당한 사람의 말이다. "내 몸을 던져 체온을 주었건만 넌 나에게 무게를 느꼈다니!" 의자에 앉아 나의 체온을 주었더니 딴소리하는 의자의 마음이다.

> *우리는 의자에게 체온을 주었다 여기지만 의자가 기억하는 건 무게이다.*
>
> _이규리, 『돌려주시지 않아도 됩니다』

이규리 저자의 재미있는 해석이다. 내가 건네준 배려가 의자에게는 무게로 받아들여진 것이다. 애초에 엉덩이를 거두어 준 의자의 배려에 감사했어야 했다. 이런 게 인간관계다.

언어유희의 아티스트 유영만 지식생태학자의 관계론 『이런 사람 만나지 마세요』는 쉽게 읽힌다. 짧은 말로 정리하면….

만나지 말아야 할 사람은
눈으로는 남의 단점을 찾고 책을 읽지 않는 과거 지향적인 사람.
입으로는 남의 말문을 막고 감탄에 소홀하며 필요할 때 구하는 사람.

몸으로는 자기 과시를 하며 대접받고 은혜를 저버리는 사람.

뭔가 되어야 하는 이런 사람은
눈으로는 책을 읽으며 장점을 배워 더 나은 오늘을 만드는 안목 있는 사람.
입으로는 관심이 들어간 사랑의 질문과 감탄이 들어간 맞장구로 지지해 주는 사람.
몸으로는 겸손하게 정상에 시비를 걸며 땀 흘리며 몸을 가꾸어 도전하는 사람.

만나고 싶은 사람이 되고 싶으면 3M(5M)을 해야 한다.

Make Memorable Moment.

Mirror and window usage.

Messenger's sincerity.

내가 보내는 매 순간(Moment)을 영원히 잊을 수 없는 추억거리(Memorable)로 만들어 보라고(Make).

유영만 교수의 3M(Make, Moment, Memorable)을 이용하여 영문을 만들면….

Why don't you make memorable moment right now?

매 순간을 의미 있는 추억거리로 만들어야 한다.

*"뭔가 다른 사람은 거울과 창문을 사용하는 방법도 남다릅니다."*라고 말한다.

훌륭한 리더는 거울(Mirror)과 창문(Window)을 잘 활용한다. 일이 잘 안 풀리면 거울을 보며 반성을 하고, 잘 풀리면 창문을 보고 환경이나 주변의 누군가가 자신을 도와준 덕분이라고 생각한다.

말한 대로 살아가는 메신저의 진정성이 모든 것을 압도합니다.

내가 좋은 글을 읽고 좋은 말을 해도 타인의 귀를 통해 마음으로 전달되지 않으면 무용지물이다. 매 순간의 삶 속에서 추억거리를 만들려고 노력하고, 거울과 창문을 통해 자신을 돌아보며, 말이 아닌 행동으로 메신저로서의 삶을 보여주는 사람이 되어야 한다.

07.
양에 집중하라(TFC2)

'노력없는 탁월함'만 추종하는 시대에 박용환 저자가 우리에게 던지는 메시지가 있다. 『양에 집중하라』에서 "질적인 변화는 양의 제곱과 몰입의 곱에 비례한다."라고 말한다. 그리고 양질 전환의 법칙 4대 구성 요소를 '시간'(Time), '몰입'(Flow), '지속'(Continue), '임계점'(Critical point)으로 설명한다.

Time(시간)

피터 드러커의 시간 관리 3단계 과정은 시간을 기록하고, 관리하고, 통합하는 것이다.

1. 시간을 기록한다
목표를 달성하기 위해 시간을 최소한 1년에 두 번 이상, 1회에 3~4주씩 정해진 시간표(Time schedule)에 따라 스스로 기록한다. 6개월 후에는 많은 시간을 낭비하면서 흘려보내고 있다는 것을 알게 된다.

2. 시간을 관리한다
시간을 관리하는 지속적인 노력만이 시간 낭비를 줄인다. 시간을 낭비하는 비생산적인 활동을 찾아서 가능한 그것들을 제거해야 한다.

> ### 3. 시간을 통합한다
> 시간을 기록, 관리하면 중요한 일에 투입할 시간을 파악할 수 있다. 우리는 제한된 시간에 살아간다. '지불할 가치가 있는 일만 해야 한다.'라는 생각을 새기는 것이 중요하다. 이는 삶의 단순화와 오직 한 가지만 한다는 정신을 가져온다.

시간을 관리하는 도구가 많이 있다. 시간을 잘 알려 주라고 손목에, 스마트폰에, 벽에 붙여 놓는다. 날짜를 보고 다니라고 달력에, 스마트폰에, 벽에도 붙여 놓는다. 주어진 시간을 잘 관리해야 한다.

Flow(몰입)

수나라에 이광이라는 사람이 있었다. 황혼녘에 초원을 지나다가 웅크리고 있는 호랑이를 발견하고 일발 필살의 신념으로 활을 당겼다. 화살이 명중했다. 다가가니 호랑이가 아닌 큰 돌이었다. 여기서 나온 고사성어가 중석몰촉(中石沒鏃)이다. 쏜 화살이 돌에 깊이 박혔다는 뜻이다. 요즘 세상이 그런가 쏟아지는 카톡과 메시지로 몸살이다. 항상 우리의 눈은 호랑이가 아닌 스마트폰을 겨누고 있다. 몰입에 몰입해 보자.

시카고 대학의 미하이 칙센트 미하이 교수는 몰입 상태에 도달하기 위한 3가지 조건을 이야기한다.

1. 명확한 목표

분명한 목표는 성공의 길을 가고 있는지에 대한 구체적인 정보를 제시하므로 몰입을 경험할 가능성이 높다. 써서 벽에 붙여야 한 번이라도 본다.

2. 즉각적인 피드백

지금 하고 있는 일에 대한 목표와 관련하여 수행자가 에너지를 적합하게 투입하는지를 평가한다. 자기가 하는 피드백은 피드백이 아닌 독백이다.

3. 도전과 능력의 균형

도전 과제의 난이도가 너무 높으면 불안하게 되고, 어느 경우는 포기하게 된다. 난이도가 낮으면 무관심 상태가 되어 흥미를 잃게 된다. 적정한 난이도의 과제를 선정하는 것이 중요하다.

몰입의 대상도 중요하다. 훌륭한 드라마 한 편을 본다. 주인공에 몰입되어 또 보게 된다. TV 마니아가 되었다. TV를 꺼두니 유튜브가 다가왔다. 하나를 구독하니 또 다른 것이 나온다. 몰입에 방해되는 것을 먼저 제거하자.

Continue(지속)

히사이시 조는 말한다. 작곡가의 기본 명제는 '훌륭한 곡을 만드는 것.'이라고. 누군가 '작곡가로서 가장 중요하게 여기는 것이 무엇이냐?'라고 물으면 조금의 망설임도 없이 '계속 곡을 쓰는 것입니다.'라고 말한다. 프로페셔널이란 계속해서 자신을 표현할 수 있는 사람이다.

우리나라는 겸손의 미덕을 강조하다 보니 대놓고 자랑질이 어렵다. 잘한 것을 대놓고 자랑질을 해 보자! 자랑질해도 보는 이의 안목이 부족한 건 어찌할 수 없다. 독자의 오독을 기대하는 수밖에!

지속하는 기술은 습관을 만든다. 어떤 행동을 무의식적으로 해야 진정한 의미의 습관이 된다. 새벽에 일어나면 컴퓨터를 켜고 의자에 앉아 글을 써야 한다. 무엇을 쓸까 고민할 수 있다. 아직 무의식의 단계로 가지 않았기 때문이다.

미라클 모닝이라도 한다고 선포를 해야 지속하게 된다. 작은 성공의 맛을 봐야 지속한다. 지속하기 위해서는 비용을 지불해야 한다.

Critical point(임계점)

임계점의 정의는 '물질의 구조와 성질이 다른 상태로 바뀔 때의 온도와 압력'이다. 양질 전환의 법칙이 말하는 임계점은 어떤 에너지가 지속적으로 더해져 축적되다가 어느 한계점에 이르면 양의 축적이 한꺼번에 대상물의 질적 변화를 일으키는 지점을 말한다. 물은 99도까지 액체 상태로 있다가 100도가 되면 끓는다. 그 100도가 임계점이다.

에릭슨과 말콤 그래드웰은 성공의 임계점이 1만 시간이라고 한다. 1만 시간의 노력과 연습이 최고를 만든다. 1만 시간이라는 엄청난 양의 노력이 누적이 되어야 기적이 일어난다. "흔적이 축적되면 기적이 일어납니다."

우리는 임계점이 언제 올지 알 수 없다. 1만 시간이라는 보편적인 시간을 설정했을 뿐이다. 늘 깨어 있어 준비해야 임계점의 순간을 맛볼 수 있다.

저자는 질적인 변화는 '양의 제곱과 몰입의 곱'에 비례한다고 말한다. 양적인 시간의 투입으로 질적인 변화는 가능하지만 몰입된 양이어야만 질적인 변화의 시간을 단축할 수 있다.

책을 쓰는 과정은 어렵다. 책을 한 권 쓰려면 다독은 기본이며, 그것도 한 분야에 집중된 다독이다. 집중(몰입)과 다독(양)이라는 두 가지 요소가 다 같이 필요하다.

저자는 1만 시간의 법칙을 처음 제시한 엔더스 에릭슨 교수가 간과하는 것을 강조한다. 바로 '신중하게 계획된 연습'이다. 최고의 경지에 이르기 위해서는 1만 시간이라는 절대적인 시간(양)도 중요하지만, '신중하게 계획된' 몰입의 연습이어야 한다는 것이다.

08.
즐거운 샐러리맨의 천국 회사(기업의 ABCD)

황무지 돌밭을 주고 사업을 하라고 하면 살아남는 사람은 누구일까 생각해 보았다. 너도나도 제안서를 가지고 덤벼들 것이다. 그러나 즐겁게 그 일을 해내는 사람은 많지 않을 것 같다.

일본 전기 설비 자재 회사인 미라이 공업의 야마다 아키오 사장은 어떻게 경영할까? 그의 저서 『야마다 사장 샐러리맨의 천국을 만들다』에서 그가 진정 원하는 것은 사장과 사원이 함께 '즐겁게 돈을 버는 것!'이라고 말한다.

미라이 공업의 원칙이자 야마다 사장의 신념은 잔업이 없고 휴일 근무가 없으며, 전 직원이 정규직이다. 그리고 70세가 정년이며 종신 고용에 정리 해고가 없다는 것이다. 연간 140일 휴가에 개인 휴가, 3년간 육아 휴직 보장, 5년마다 전 직원 해외여행을 한다. 한 마디로 샐러리맨의 천국이다.

야마다 사장의 임무는 사원들을 감동시켜야 한다는 것이다. 기업 경영에서 가장 중요한 것은 사원의 의욕과 회사의 차별화이다. 미라이 공업의 경영 원칙을 따라 하기는 어렵지만, 직원을 설득하고 함께하면 안 될 일도 없다.

야마다 사장은 이상한 기행으로 유명하다. 구두쇠 생활, 러닝셔츠 근무, 선풍기로 승진 인사 등 이상한 행동을 하지만 직원들은 돈도 잘 벌고 기쁘게 일하고 있다. 샐러리맨의 천국이라고 한다.

책의 내용을 A, B, C, D 4가지로만 정리해 보았다.

Always think(항상 생각하라)

무궁무진한 아이디어의 향연(Festival)! 미라이 공업 직원은 항상 무궁무진한 아이디어를 낸다. 아이디어를 제안할 때마다 5,000원의 현금이 지급된다. 처음에는 바보 같다고 생각했지만 아이디어가 제품이 되고 회사가 발전하니 일석이조다. 실패해도 그건 경험이라고 생각한다. 10m 간격으로 붙어 있는 문구가 있다. '항상 생각하라.'

모두 생각은 한다고 말한다. 그러나 이 회사에는 강력한 동기 부여, 현금 지급이 있다. 아이디어를 내어 돈을 받기도 하지만 아이디어가 제품이 되고 회사가 발전한다. 아이디어의 축제이며, 삶의 축제이다. 이런 문화가 있는 기업이 얼마나 될까?

Be a Strategist(구색을 갖추어라)

직원들의 아이디어 향연의 결과는 2,300건이 넘는 실용신안과 의장 등 공업 소유권 수량이다. 16,000종에 이르는 상품을 가지고 있다. 다양한 제품이 낭비라고 생각될 수 있지만, 고객에게는 미라이 공업 제품을 보면 원하는 상품을 얻을 수 있다는 신뢰를 준다.

좋은 제품은 한 번 쓰면 계속 쓰게 된다. 더 좋은 제품을 갈망한다. '구색(具色)을 갖추어야 한다.'라는 말이 생각난다. 나는 어떤 구색을 갖추고 있나?

Carrot is enough, no stick(당근이면 충분하다. 채찍 불필요)

회사 경영에서 가장 중요한 기본은 사원의 의욕(Will)이다. 사원의 의욕과 회사의 차별화가 결합이 되어야 회사가 크게 성장할 수 있다. 이 회사에는 제복이나 작업복이 없다. 강제로 요구하면 의욕이 생기지 않아서다. 출근 카드도 없다. 오후 4시 45분이 되면 모두 퇴근하고 4시 55분쯤에는 아무도 없다. "사장은 공부를 하고, 사원은 일을 하라."라고 강조한다. 사장은 공부를 해서 어떻게 회사를 이끌어 나갈 것인가 전략을 잘 세우고, 사원은 전술대로 일해야 한다. 사장이 전략과 전술을 모두 잘할 수는 없다. 목적지로 가는 길은 여러 개다. 회사 일에 상관없는 일에 괜한 트집을 잡고 잔소리를 내면 의욕을 잃어버릴 것이다.

경영자, 관리자들의 전략은 참으로 중요하다. 큰 그림을 그릴 줄 아는 그런 사람이 되어야 한다. 오타에 목메지 말자, 의전에 목숨 걸지 말자!

Different saving(차별화 절약, not 전략)

야마다 사장은 심각한 구두쇠다. 이유는 단 한 가지. 경영이란 이익을 추구하는 것이라는 것을 알기 때문이다. 에어컨 요금을 절약하기 위해 러닝셔츠에 반바지로 근무한다. 그 외에도 비용 절감은 계속된다. 회사에는 복사기 단 한 대, 간부용 전용차 1대, 기존 명함 지우고 재활용, 손잡이가 없는 미닫이문(시간 절약, 손잡이 절약), 전화비 절감 등….

제조업의 특성상 그럴 수도 있다. 요즘 대부분의 회사도 종이 없는 회의를 지향한다. 컬러 출력은 지양하고 1면에 2쪽, 양면 인쇄로 종이를 아끼고 있다. 손잡이 없는 미닫이문은 기발한 아이디어다.

황무지 돌밭을 묵상하다가 미라이 공업의 야마다 사장은 어떻게 운영할 것인지 공부하게 되었다. 어떤 사람은 코로나로 인한 불경기와 오르는 집값으로 살기 어렵다고 말한다. 누군가는 항상 생각하고, 전략을 짜고, 당근 전략으로 동기를 부여하고, 절약하며 일하는 천국을 만든다. 사원의 의욕과 회사의 차별화를 통한 회사 천국 만들기! 그런 직원들은 들판의 돌도 아름답게 보인다.

09.
자기통제의 승부사 사마의(온준인한)

자기통제의 달인 사마의는 '온준인한' 사람이다. 나는 나를 어떻게 표현할 것인가?

처세(處世)란 사람들과 사귀며 살아간다는 뜻이다. 말은 쉬우나 현실은 어렵다. 유비, 제갈량, 조조 등 군웅할거 시대에 최후의 승자라고 불리는 사마의(자는 중달)의 처세술을 정리해 보았다.

자오위핑은 『자기통제의 승부사 사마의』에서 후대 사람들이 사마의를 다음의 네 글자로 표현한다고 말한다. '온(穩)', '준(準)', '인(忍)', '한(狠)'

(온) 평온하다. 토끼를 보고도 매를 풀지 않듯이 확실하게 이익이 보장되지 않으면 손을 대지 않았고 마음을 안정시키며 가볍게 움직이지 않았다.

(준) 정확하다. 두 번째 수를 두지 않아도 될 정도로 반드시 성공하는 공격을 했다.

(인) 참는다. 다른 사람이 참아낼 수 없는 일을 참아내며 결코 속마음을 얼굴에 드러내지 않아 누구도 알지 못하게 했다.

(한) 사납다. 결정적인 순간에는 정말 악독한 수를 사용했다.

(온) 온화. 평상심 유지의 고수

오장원 전투에서 사마의는 제갈량보다 우세하였음에도 바로 공격하지 않고 지구전을 선택한다. 조급해진 제갈량은 사자를 보내어 사마의에게 선물을 전달한다. 선물 상자에는 여인의 옷과 장신구가 있었다. 보통 사람이면 흥분하여 제갈량과 전투를 했을 텐데 그러지 않고 사자에게 질문을 던진다. 제갈량의 하루 일과를 물어보며 제갈량의 상태를 파악한다. 제갈량의 몸 상태를 예측하고 지구전을 지속한다. 얼마 후 제갈량은 전장에서 병사하게 된다.

신언수구(愼言修口)

사마의가 승승장구하자 경쟁자들이 그를 노린다. 그는 자신의 감정을 드러내지 않는다. 성공할수록 목소리를 낮추었다. 나무는 조용하고자 하나 바람이 그치지 아니한다. 잘나가면 시기, 질투가 있게 마련이다. 그럴 때일수록 몸과 마음을 낮추어야 한다.

(준) 준함. 실력이 생존이다

말 위에서는 칼을 잘 휘두르고 말에서 내려서는 붓을 잘 휘둘렀다. 무력으로는 제갈량과 싸우고 맹달을 사로잡았으며, 문으로는 미관말직과 황제의 비서를 10여 년 이상 수행했다. 실력으로 생존한 것이다. 일반적인 워커홀릭 형으로 조조에게 빈틈을 허락하지 않았다.

"권력이 재능보다 높으면 반드시 욕됨이 있게 마련이고, 위엄이 덕성보다 높으면 반드시 화근이 뒤따른다."

(인) 인내. 인내심의 끝판왕(기다림의 미학)

출사할 나이가 된 사마의에게 조조가 부하를 시켜 등용을 제의한다. 사마의는 평상시 조조가 모시기 어려운 리더라고 생각했다. 조조의 명을 거역하는 것은 목숨이 달린 것이었으나 중풍병에 걸렸다는 핑계를 대며 거절한다. 조조는 부하를 시켜 사마의가 중풍에 걸렸는지 확인하기 위해 정탐꾼을 보낸다. 그러나 사마의는 조조가 감시할 것을 알고 몇 년 동안 중풍병 행세를 한다.

몇 년 후, 조조는 다시 사마의를 부른다. 이때엔 어쩔 수 없이 부름에 응한다. 몇 년 동안 중풍병자 행세를 할 수 있는가? 어리석어 보이나 보통 사람이 아니다.

사마의의 강점은 독재형 리더 조조 패밀리를 상대하면서 자기의 자리를 꾸준히 지킨 것이다. 훌륭한 리더를 만나는 건 복이다. 그렇지 않은 경우 사마의와 같은 처세가 필요하다. 어디까지 인내할 것인가? 인내를 내려놓는 순간 자멸 또는 공멸의 결과가 나타날 수 있다.

오래가는 놈이 강한 놈이다.

사마의는 조조 패밀리(조조, 조비, 조예, 조방) 4대를 보필하면서 73세까지 권력을 누렸다. 조조는 사마의를 이리의 상이라 생각하며 경계하고 제거할 생각을 가지고 있었다. 사마의는 조조의 마음을 알고 매사 신중하게 행동하고 배신하지 않는 믿음을 심어 주었다. 가늘고 길게 가는 것도 방법이다.

(한) 사나움, 결정적인 순간에는 정말 악독한 수를 사용했다

사마의는 오랫동안 인내하면서 심리적 억압을 견뎠다. 일단 화를 분출하게 되면 독한 방법을 사용하여 많은 사람을 죽였다. 후세 사람들이 책망하는 부분이다. 자기에게 맞지 않는 사람을 쳐내는 순간 다시 복수가 되어 돌아온다.

사마의는 자신의 야망을 숨겨가며 철저한 자기통제로 오래 권력을 유지할 수 있었다. 자기 통제, 말은 쉽다. 매일 소소한 일의 승리가 우선이다. '마병을 예비하거니와 이김은 여호와께 있느니라.'라는 말이 생각난다.

10.
공부의 달인 호모쿵푸스(KUNGFUS)

고미숙 저자의 『공부의 달인 호모 쿵푸스』는 공부에 관한 내용이다. 공부의 여러 가지 내용 중 영어 'KUNGFUS'의 첫 글자를 이용하여 설명해 보려고 한다.

K) Knowing to completion

앎은 행위에서 시작되고, 행위는 앎의 완성이다. 달리기라는 지식을 머릿속에 넣는 것은 아는 것이 아니고, 말이라는 행위로 달리기를 표현하는 것과 실제로 달리는 행위가 안다는 것이다. 즉 표현의 공부를 하자는 것이다.

U) University

대학은 졸업장을 따는 곳이 아닌 학문의 전당이다. 현실은 취업 공부에 매달릴 수밖에 없지만, 그럼에도 큰 학문을 해야 한다는 것이다. 어떻게 하면 내가 배운 것으로 세상을 변화시킬 것인가에 대한 고민이 필요한 부분이다.

N) Networking

스승과 벗을 찾는 네트워킹을 멈추지 않는 것. 대학 또는 학교에서 만난 스승과 평생을 함께하며 소통하는 사람은 대단한 사람이다. 이것 말고도 요즘은 각종 동호회, 카페, TED 등 SNS를 통해서 지식 활동이 원활하게 진행되고 있다.

G) Giving good knowledge & life

공부는 남들에게 퍼주기 위해서 하는 것. 이게 처음에 동의가 되지 않았지만, 잘 생각해 보면 지식을 가르치고, 나누는 서비스가 비즈니스가 된다. 비싼 학원, 과외가 그렇다. 요즘은 유튜브를 통해 많은 전문 지식을 무료로 얻을 수 있다.

F) Festival & Friend

지식의 향연과 친구는 지식 활동을 통해서 체험할 수 있다. 많은 인터넷 카페에서 동호회 활동이 활발하다. 지식의 공유가 축제의 장이 되는 것 같다.

U) Under breathing

공부는 때가 있다. 숨을 쉬고 있을 때가 공부할 때이다. 김형석 교수는 100세일 때 『백년을 살아보니』라는 책을 썼다. 공부에는 끝이 없다.

S) Stealing

배움이란 스승으로부터 열정을 훔치는 것이다. 스승으로부터 단순 지식을 배우는 것이 아닌 열정을 훔치는 것이다.

11.
예수를 입는 시간(머리, 입, 손, 몸)

당신은 '노력하는 아담'과 '영적인 아담'에서 어느 쪽에 서 있는가? 인간은 성공을 갈망하는 아담과 창조주와 사람들의 관계를 갈망하는 아담의 양면성이 있다.

모든 사람이 성공하기 위해 열심히 살아간다. 미라클 모닝, 독서, 운동, 자기계발에 열심이다. 열심히 살아가며 땀을 흘리는 모습은 아름다운 모습이다. 열심히 하고 목표를 달성했을 때의 쾌감은 이루 말할 수 없다. 켄 시게마츠는 하루하루 세상을 입고 살아온 날에 예수를 입는 시간을 갖도록 권한다.

저자는 『예수를 입는 시간』에서 영혼을 위한 7가지 절대 습관을 제시한다. '성공과 성취'에서 '사랑과 평안'으로 궤도를 수정하는 방법이다.

묵상하기

뭘 해도 조바심이 난다면 묵상을 해라. 내 안팎의 하나님의 움직임에 가만히 집중하는 것이다. 기도는 흔히 하나님과 대화하는 것이고, 묵상은 임재를 조용히 누리는 것이다. 10~20분간 침묵하며 말씀 한 문장을 집중한다. 운동선수가 마인드 컨트롤 하는 이유가 여기에 있다.

안식일 지키기

일이 끝이 없다면 안식을 가져라. 내가 잠든 사이에도 일하시는 하나님을 경험하는 것이다. 마크 부캐넌은 『하나님의 휴식』에서 안식일은 "필요한 것을 멈추고 생명을 주는 것을 받아들이는……. 뭐든 시간과 장소, 여유의 부족으로 미뤘던 것을 하는 날, 해야 할 것을 내려놓고 하고 싶은 것을 하는 날이다."라고 말한다. 안식에 들어가기를 힘써야 한다.

감사하기

내 일상이 초라해 보인다면 감사해라. 삶이라는 순전한 선물을 음미하는 것이다. 베네딕토 수사인 데이비드 스타인들 라스트는 "기쁨이 우리를 감사하게 하는 것이 아니라 감사가 우리를 기쁘게 하는 것이다."라고 말했다. 베네딕토 수사와 수녀들은 150개의 시편을 모두 암송한다. 매일 감사를 표현하며 감사 훈련을 한다.

나누기

더 많이 갖고 싶다면 나누어라. 하나님께 이미 받은 충만함을 흘려보내는 것이다. 『인생이 빛나는 정리의 마법』의 저자 곤도 마리에는 옷장에서 옷을 꺼내 다음과 같이 물으라고 조언한다. "이 옷이 내게 기쁨을 주는가?" 기쁨을 주지 않으면 버리라고 한다. 책이 너무 많으면 관심이 분산되듯이 소중히 여기는 책 몇 권만 있으면 제대로 즐길 수 있다.

섬기기

좀 더 대우받고 싶다면 섬겨라. 다른 사람에게 나를 쏟아 내는 것이다. 밖에서 특별한 대우를 받고 힘을 상징하는 장비들(마이크)로 무장하는 사람들은 항상 열화와 같은 박수갈채를 받는다. 그럴 때일수록 주방에 쌓여있는 설거지를 하라고 권한다. 그릇이 꽉 찬 싱크대를 치우는 섬김은 자만심이나 권리 의식, 교만과 싸우는 가장 강한 무기가 될 수 있다.

우정 맺기

혼자가 편하다면 우정을 맺어라. 우정은 무너지지 않도록 서로 권면하는 것이다. 샤를마뉴 대제의 고문이었던 교육자 알쿠인은 왕에게 보낸 편지에서 우정에 관해 다음과 같이 말한다. "'친구'라는 단어는 '영혼의 관리인'에서 비롯했습니다. 즉 친구는 친구의 영혼이 다치지 않게 최선을 다해서 지키는 사람이지요." 나의 영혼을 살리는 영적인 친구는 누구인가?

소명 따르기

이 길이 내 길인지 잘 모르겠다면 소명을 따르라. 내 깊은 즐거움이 세상의 깊은 필요와 만나는 것이다.

죽음의 순간, 하나님은 우리에게 다음과 같이 묻지 않으실 것이다.

윗사람들의 눈에 옳은 것을 충실히 해 왔느냐?
사회의 가치를 충실히 이행했느냐?
세상에서 가장 높은 자리에 올랐느냐?
좋은 삶을 살았느냐?

죽음의 순간, 하나님은 우리가 그분과 또 온 피조 세계와 어떤 관계를 맺고 살아왔는지 돌아보라고 말씀하실 것이다.

> 내 뜻을 행했느냐?
> 내가 너를 창조한 목적을 이루며 살았느냐?
> 내가 원하는 사람이 되었느냐?
> 나와 내가 창조한 모든 것을 사랑하며 살았느냐?
>
> _켄 시게마츠, 『예수를 입는 시간』

예수를 입는 시간은 머리로 묵상, 입으로 감사, 손으로 나누고 몸으로 섬기는 시간이며, 소명과 영적 친구와 안식을 찾는 시간이다.

12.
나그네 인생(사정사관 간서치)

인생을 보통 나그네 인생이라고 한다. 나그네(여행자, 방랑자)의 사전적 의미는 '자기 고장을 떠나 다른 곳에 잠시 머물거나 떠도는 사람.'이다. 옛날 나그네의 삶은 운치(고상하고 우아한 멋)가 있어 보였다. "한 끼 줍쇼." 하면 얻어먹을 수 있고 이야기를 나눌 수 있는 삶의 여유가 있었다.

지금은 어디 상상이나 할 수 있는 일인가? 코로나 시대에 해외를 다녀온 것만으로도 자가 격리가 되고, 증상이라도 있으면 민폐의 대상이 된다.

톨스토이의 『참회록』에 나오는 나그네 인생 우화를 각색해 보았다.

사) 사자를 만나다

나그네는 '한 끼 줍쇼.'의 들이대 정신과 순응의 정신으로 무장하고 길을 나선다. 구름에 달 가듯이 광야를 지나다 굶주린 사자(Lion)를 만나게 된다. 줄 게 없다고 하니 목숨을 내놓으라 한다. 하늘의 뜻인지 근처의 마른 우물을 발견하고 우사인 볼트보다 더 빨리 몸을 피한다.

정) 우물 안으로 피신하다

그간 다져온 지리 공부의 도움인지 우물 안으로 안착한다.

사) 독사들이 우글거리며 노리고 있다

웬걸 사자를 피해 우물 안으로 피신했더니 우물 안에는 독사들이 발아래서 우글거리고 있다. 일단 있는 힘을 다해 점프를 한다.

관) 관목을 손으로 잡고 버티다 꿀맛에 취하다

점프했는데 다행히 우물의 돌 틈새에 붙어 있던 관목(灌木) 가지를 잡았다. 아낌없이 주는 나무다. 잠시 숨을 돌린다. 역시 하늘은 스스로 돕는 자를 돕는다. 게다가 나뭇잎에서 몇 방울 꿀이 떨어진다. 이젠 시간이 흘러 밖에서는 사자가 사라지고, 안에서는 뱀을 유인할 방법을 마련하면 된다.

간서치) 그 사이에 쥐가 이빨로 관목을 쓸고 있다(위는 사자, 아랜 뱀)

관목 위에는 검은 쥐, 흰쥐가 관목 가지를 번갈아 사이좋게 협업하며 이빨로 쓸고 있다. 이럴 때 간서치(看書癡, 책만 보는 바보)가 생각난다. 이 글의 간서치는 사자와 뱀 사이(간, 間), 쥐(서, 鼠), 이(치, 鼠)다.

톨스토이가 그린 나그네 인생 우화 그림에 푹 빠져 있다. 우리는 힘든 인생 가운데 나뭇잎에서 간혹 떨어지는 꿀맛에 흠뻑 빠져 쥐들이 관목을 갉아먹는 시간의 소중함을 간과한다. 나그네 인생이라고 이야기하면서 물 좋고, 공기 좋은 곳에서의 장기 거주를 생각한다. 그게 사람이니까!

우물 밖에는 사자, 우물 안 발아래는 독사들이 기다리고 있다. 그들도 바쁘다. 내가 할 수 있는 거라곤 내가 붙들고 있는 관목을 쓸고 있는

검은 쥐, 흰 쥐(시간)에 신경을 써야 한다. 공수래공수거 인생에서 가져

갈 건 없어도 남길 건 있다. 그 시간을 이용하여 오늘은 무엇을 남길 것

인가?

* 나그네 인생은 '사정사관 간서치'의 의미있는 단어로 요약할 수 있다(사자를 피해 우물로 피
  신했더니 발아래는 뱀, 우물 밖 사자와 우물 안 뱀 사이에는 쥐의 이빨).

13.
멀고도 험한 부자의 길(2S 2R 3T)

누구나 부자가 되기를 원한다. 과연 부자들의 마음은 어떤지 알아야 진정한 부자가 될 수 있다.

스티브 지볼트는 자수성가한 부자 1,200명을 34년간 인터뷰하고 관찰하여 정리하였다. 그가 소개하는 부자의 '자녀교육 비법 7가지'를 SRT를 연상하여 2S 2R 3T로 정리하였다.

'자녀 교육 비법 7가지'는 중앙일보에 연재된 강정영의 「이웃집 부자 이야기(38)」에서 빌려 왔다.

S) 서비스 마인드와 문제 해결 능력(Service mind)

부자들의 마음은 오늘은 어떤 서비스를 제공하나 라는 생각을 하고 코로나 진단 키트나 백신 개발을 해서 문제를 해결하겠다는 생각을 가지고 있다. 그 문제를 해결해 주는 사람에게는 비용이 크게 문제 되는 것은 아니다. 누가 선점하느냐가 문제이다.

S) 강한 자립심(Self-reliant)

부는 '스스로 만들어 간다.'라는 자립심이 있어야 한다. 정주영 회장은 '일근천하무난사'를 강조한다. 부지런하면 천하에 어려운 일이 없다는 생각은 우리가 배워야 할 강한 자립심이다.

R) 부자와 가까이(Rich people near)

잘 되는 사람 또는 부자와 가까이 지내면 많은 정보를 얻을 수 있다. 기업 경영자들이 산업 및 특수 대학원에 등록하여 인맥을 넓히는 이유이기도 하다. 그래야 그들의 삶을 가까이서 볼 수 있기 때문이다. 맹자 어머니가 세 번이나 집을 옮긴 이유이다.

R) 기대치를 높여라(Raise your expectation)

크게 성공한 사람은 한때 주위로부터 목표에 대하여 비웃음을 샀다는 것을 기억할 필요가 있다. 목표를 적어 놓고 매일 보고 실행해야 한다. 자신이 잘 될 수 있다는 생각으로 기대치를 높여야 한다.

T) 큰 그림을 그려라(Think big)

요즘 말로 큰 그림을 그리라는 거다. 부자는 자신의 큰 그림에 따라 초지일관 걸어가는 사람이다. 작은 요동에 흔들리지 않는다. 큰 그림대로 가는 것을 확신하기 때문이다.

T) 자신을 신뢰하라(Trust yourself)

많은 인생의 어려움 가운데 자신이 해결할 수 있음을 신뢰해야 한다. 주변의 부정적인 잡소리는 신경 끄기로 막아야 한다. 자신을 신뢰하지 않으면 누굴 신뢰하겠는가?

T) 시간 관리(Time management)

부자들은 남다르게 주어진 24시간을 문제 해결책을 찾는 데 사용한다. 공통점은 새벽 기상과 부지런함이다.

한편 요즘 코로나로 어려운 자영업자, 특히 상인들의 마음을 잘 대변한 글이 있다. 포항 죽도 어시장 부근 곰탕집에 걸린 김연대 시인의 '상인 일기'를 보았다. 시장 상인의 비장한 각오를 볼 수 있다. "상인은 오직 팔아야만 되는 사람 팔아서 세상을 유익하게 해야 하는 사람 그러지 못하면 가게 문에다 묘지라고 써 붙여야 한다."는 상인의 의미심장한 말이다. 부자들의 마음은 다르다.

14.
책 쓰기는 애쓰기다(해산의 고통)

잊을만하면 나오는 남녀 간의 이야기가 군대와 출산의 고통이다. "가장 귀중한 시간에 남자는 2년 이상 썩는다." "애 한번 낳아 봐라." 해답은 출산을 하고 아들을 군대에 보낸 어머니의 마음이다. 아들을 군대에 보낸 어머니는 입대식에서 눈물을 흘려 봐서 알 것이고, 군대 다녀온 아들은 집사람이 애를 낳아 봐야 알 것이다. 둘 다 우리가 애쓰고 겪어야할 숙제이다.

유영만 저자는 『책 쓰기는 애쓰기다』에서 한 권의 책을 쓰는 과정을 출산의 과정으로 기막히게 표현하였다. 책을 쓰는 일은 때론 해산의 고통보다 더 고통스러울 수 있다.

사랑하는 전혀 다른 남녀(두 주제)가 만나 자신을 닮은 2세를 출산(한 주제)하는 과정이 책 쓰기 과정이다. '책'과 '쓰기'라는 두 주제가 뜨거운 사랑으로 불이 붙기 시작하면 다음의 과정이 나온다.

1. 수정과 착상 : 임신은 타이밍이다. 책 쓰기는 '책'과 '쓰기'의 열애, 수정이 발상이 되어, '책 쓰기' 한 주제로 착상.

2. 입덧의 시작과 본격적인 지식 잉태 가속화 : 특정 주제에 관심 쏟는 지식 덧 시작.

3. 에로스의 발산과 지식 애무의 시작 : 미지의 세계 탐색(에로스), 바깥세상을 더듬어 알고자 간절한 구애 행위(지식 애무).

4. 태아의 발달 과정과 작품의 숙성 과정 : 지식 덧이 줄며 작품의 얼개(이야기 뿌리, 줄기 윤곽, 가지와 이파리), 안간힘으로 숙성(유산 주의).

5. 해산 준비와 산통 : 초고 읽고, 탈고. 애간장 녹이는 통째 편집의 고통.

6. 신생아의 출생과 작품의 탄생 : 진통 끝, 신간 도서 탄생(매대에 지속 누워야 vs 바로 서가 NO), 작품의 미래(독자들의 창조적 오독과 재해석), 저자는 떠나도 작품은 다른 인생.

눈 오던 어느 날, 집사람이 입덧으로 고생하던 중 먹고 싶은 것이 있다고 했다. 추운 날 뭘 시키느냐 했더니 입덧을 모르냐고 한마디 들었다. 그 당시에는 배달의 민족으로 시킬 수도 없었다. '눈 덮인 길을 어지러이 걷지 마라! 훗날 이정표가 되리나니!' 입덧하는 사람에게 수작후 인정이 뭔 상관이냐! 맛있는 딸기를 사 오고 한숨을 돌렸다.

요즘은 해산의 고통보다 더 큰 어려움이 아이를 키우는 일이다. 아이를 좀 더 좋은 환경에서 키우고자 하는 부모들의 필살기가 동원된다. 우리는 고생하며 낳은 아이를 불우한 환경에서 키우지 않도록 노력해야 한다. 불우한 사람은 3가지 특징을 가지고 있다. 낯선 체험을 못 하고 낯선 사람을 만나지 못하며 낯선 지적과 낯선 자극을 못 받는 사람이 불우한 사람이다.

불우한 사람의 3가지 특징

1. 낯선 체험 못함(체념하기 때문에).

2. 낯선 사람 못 만남(불우한 사람을 만나서).

3. 낯선 지적 자극 못 받음(자극 주는 책을 못 읽어서).

블로그를 쓰는 것은 쉬운 일은 아니나 어려운 일도 아니다. 조금씩 자기 능력에 맞게 하면 되기 때문이다. 한 권의 책을 자기의 이름으로 내는 건 더 큰 일이다. 10개월간의 해산의 고통을 생각하면 책 내는 것은 큰일도 아니다. 할 수 있는 건 노력의 흔적을 남기는 것뿐이다. 흔적이 축적되면 기적이 일어난다.

15.
책쓰기(앉아라, 써라)

요즘 카페나 블로그를 통해 미라클 모닝을 하고 있는 분들을 보게 된다. 삶을 더 풍성하게 살고자 하는 기특한 태도이다. 나는 다행히도 부지런히 따라 다니며 조금이라도 글을 쓰는 습관이 붙었다. 그러나 등록만 하고 실천을 잘 하지 않는 분들이 있다.

새벽에 일어나 책을 읽고 밑줄을 그어가며 괜찮은 내용을 노트에 적는다. 때로는 서평을 블로그에 올리기도 한다. 매일 글을 쓴다는 것은 어렵다. 그래도 글을 써야겠다고 마음을 먹었으면 써야 한다.

이은대 저자는 『책쓰기』에서 예비 작가의 글을 쓰지 않는 현실을 꼬집는다. 연초 세운 꿈과 목표는 아주 훌륭하다. 새벽에 일어나서 미라클 모닝 시계 사진을 찍어 SNS에 올리고 기적이라고 부른다. 그러나 다이어리와 스마트 폰에 적힌 '초고 완성' 메모에 대해서는 핑계와 변명을 이야기한다. 꿈같은 소리에 집중하지 말고 본질과 껍데기를 구분하라고 한다.

세상 모든 명사는 반드시 동사를 전제한다. 정상은 등산을 전제하고, 골은 슛을 전제하며, 비상은 날갯짓을 전제한다. 합격은 공부가 필요하고, 다이어트에는 운동이 필수이며, 성공에는 노력이 기본이다.

_이은대, 『책쓰기』

이 내용이 주는 메시지는 본질에 충실하고 제대로 글을 쓰라는 것이다. 인증하기 위해 블로그에 글을 쓰는 것도 좋지만, 본질이 더 중요하다는 거다. 고수가 아닌 미라클 모닝을 시작하는 중·하수들에게는 글을 쓰는 근력이 부족한 것 같다.

꿈을 가져야 한다는 말을 꿈만 가지면 된다는 것으로 해석하지 말라고 한다. 세상 모든 명사는 반드시 동사를 전제한다고 말한다. 목표를 세워야 한다는 말은 목표만 세우면 전부 이루어진다는 것은 아니다. 새벽에 일어나서 책을 읽고 글을 쓰는 일은 기분 좋은 일이다. 새벽은 고수들이 차지하는 고유의 영역이라고 생각하지 말자.

앉음, 씀이 아닌 "앉아라, 써라!"와 같이 명사를 동사로 바꾸려면 책상에 앉아야 하고 글을 써야 한다. 인생에서 자기가 쓴 책을 한 권 가지겠다는 마음을 먹었으면 의자에 앉아야 하고 글을 써야 한다.

16.
더 리치(THE RICH)

  세계 1% 백만장자들의 부의 연금술에 대해 이야기하는 키스 캐머런 스미스의 『더 리치(The Rich)』라는 책이다.

  책의 주요 목차는 다음과 같다. 목차 뒤의 괄호 안 영어표기는 암기를 위해 나의 말로 만들어 보았다.

10. 길게 생각하고 미래를 설계하라(Ten years plan)

09. 아이디어를 자주 이야기 하라(Idea talking)

08. 변화를 두려워하지 말고 즐겨라(Change enjoying)

07. 위험을 미리 계산하고 감수하라(Risk management)

06. 끊임없이 배우고 성장하라(Read knowledge, study, priority)

05. 수익을 높이는 법을 배워라(Study)

04. 항상 감사하며 베풀어라(Thanks, give)

03. 다양한 수입원을 확보하라(High multi income source)

02. 수익의 선순환 구조를 만들어라(Hot 3 KEW, passive income)

01. 잠재력을 깨우는 질문을 하라(Empowering 9 questions)

세상에는 3부류의 사람이 있다고 한다.

1. 대단한 일을 해내는 사람

2. 지켜보는 사람

3. 벌어진 일에 대해 이야기 하는 사람

영어로 만들어보면 Performer, Observer, Talker 정도로 말할 수 있다. 문장만 읽어도 어느 부류의 삶을 살 것인지에 대한 고민이 생긴다. 책 내용을 모두 정리할 수 없어서 암기를 위해 THE RICH 첫 글자로 정리를 했다.

T) Ten years plan

저자는 20년 후의 장기계획을 세웠으며, 책에서는 5년, 10년 후의 삶의 모습을 살펴보라고 한다.

하루 한 주 근근이 살아가고 계획도 자주 흔들리지만 그럼에도 계획은 세워야 한다. 미래를 내다보는 장기적인 사고방식에는 강한 힘이 있음을 믿고 목표를 쓰고 시도해야 한다.

H) High passive & multi income source

여러 개의 수입원을 확보하는 비결로 수동적 소득(임대, 이자, 배당 등)을 늘려야 한다고 말한다. 누구나 다 아는 이야기지만 쉽지 않다. 게다가 낚싯대를 예로 들며 멀티 소득을 만들라고 한다. 또한 수동적 소득, 혼자가 아닌 팀으로 아르바이트, 의도적 일치를 통해 수입원을 늘리라고 한다.

의도적 일치는 개인의 일, 가치, 흥미와 연결되어 돈을 벌 수 있는 방법이다. 블로그, 유튜브, 마케팅 등 직업 외의 부업이라고 할 수 있다.

E) Empowering 9 questions

자신의 잠재력을 키우는 9가지 질문을 하라고 한다.

"나는 어떤 사람이 되고 싶은지? 뭘 할 건지? 뭘 얻을 건지?" 이에 대한 각 3가지 이유와 3가지를 어떻게 할 것인지에 대한 물음이다.

질문은 나를 난처하게 하지만 생각하게 한다. 성공이란 목적지가 아닌 여정이다. 백만장자는 경제적, 정서적으로 자신에게 질문하며 이뤄가는 사람이기 때문이다.

R) Read knowledge, study, priority

백만장자는 끊임없이 독서하며 지식을 얻고, 공부하고 우선순위를 정한다. 저자는 월급쟁이에서 시나몬 오일사업을 거쳐 부동산에서 대박을 쳤다. 항상 공부하며 좋은 정보를 얻었기 때문일 것이다. 정보가 돈이다. 세상 트렌드를 공부한 만큼 보였기 때문일 것이다. 공부해서 월급쟁이에서 벗어나라고 한다.

I) Idea talking

한 사업가의 사무실에 걸린 글귀가 압권이다. 부자와 친한 사람이 부자가 될 가능성이 높다는 이야기다.

> 대인배는 아이디어에 대해 이야기하고
> 범인은 잡다한 이야기를 하고
> 소인배는 남에 대해 이야기를 한다.
>
> _키스 캐머런 스미스, 『더 리치(The Rich)』

부자와 가까이하면 부자가 될 가능성이 높다는 말이다. 대인배는 서비스 마인드와 문제 해결 능력을 이야기 한다. 보통 사람은 만나면 뉴스나 드라마 등 살아가는 이야기를 말한다. 소인배는 그야말로 남에 대한 험담이다. 직장 상사를 최고의 술안주로 만든다. 누구를 만나느냐, 만나서 무슨 이야기를 나누느냐가 미래를 만드는 관건이다.

C) Change enjoying

당신은 변화를 잘 받아들이는가? 요즘 코로나로 인해 경제가 어렵다. 오히려 이번 기회를 이용해 새로운 기회를 잡는 사람도 많다. 바로 언택트 산업이다. 두려움은 우리의 눈을 가려 기회를 포착하지 못하게 만든다. 변화를 어찌하든 즐기자. "걱정을 해서 걱정이 없어지면 걱정이 없겠네."라는 속담이 생각난다.

H) Hot 3 KEW(Knowledge, Endurance, Wisdom)

뜨거운 세 개의 키라는 의미로 Hot이라 정했다. 인내심, 지식, 지혜가 순자산을 늘리는 열쇠라고 한다. 100% 동의하진 않지만 그렇게 해서 부자가 되었다고 하니 반박할 수 없다. 책, 경험을 통해 공부해서 지식을 쌓고 지혜를 얻어 잘 참아낸다는 정도로 말할 수 있다.

부자는 장기 계획을 세운다. 변화를 즐기며 끊임없이 배우고 성장한다. 내 곳간을 채워야 더 리치가 되어 인심을 베풀 수 있다.

17.
다산 정약용(삼근계, 사의재, 수오재)

지금 살고 있는 유배지는 안녕하신가? 지금 살고 있는 천국은 안녕하신가? 생각에 따라 지금 살고 있는 곳이 유배지이며 천국이다. 우리의 삶은 먼저 그 자리를 차지한 사람이 거두어 주는 삶이다.

강진 주모가 다산을 거두어 줌

『다산과 추사, 유배를 즐기다』를 읽기 전에는 다산은 강진에서 편하게 책을 썼다고 생각했다. "주민들은 너나없이 벌벌 떨며 문을 처닫고 받아주려 하지 않았다." 1801년 11월 유배지 강진 땅에 도착했을 때의 마음을 '다신계'에 쓴 정약용의 표현이다. 서학 죄인이 된 정약용을 따뜻하게 맞아준 것은 강진의 주류업계 CEO, 주막의 주모였다. 주모가 내준 골방을 거처로 유배 생활을 시작한다. 그 골방의 이름을 사의재(四宜齋)로 명명하고 4년간 그곳에서 교육과 학문에 몰두한다.

사의재는 사모언동(思貌言動), 생각, 용모, 언어, 행동 네 가지를 반듯하게 하는 집이다. 주막 골방을 다산의 연구소로 탈바꿈시켰다. 인테리어 재료는 책상 하나면 충분했다. 자신의 아지트로 생각하며 '생각은 담백하게, 외모는 장엄하게, 말은 참아야 하고, 움직임은 무거워야 한다.'라는 생각으로 그곳에서 기거했다. 월세 걱정 없이 자신을 거두어 준 주모는 천사이자 은인이었다.

다산이 제자 황상을 거두어 줌

첫 제자 황상은 15세였던 1802년 10월 10일, 평생의 스승인 다산을 만나게 된다. 길가에서 아이들과 공놀이를 하고 있었는데 다산이 불러 주막 서당에서 무료 특강을 수강한다. 그 특강 이후 황상은 다산의 훌륭한 제자가 된다. 정민 교수의 말대로 다산과 황상의 만남은 '맛난 만남'이다. 이런 맛난 만남을 기대해야 한다. 양반이 아니었던 황상은 과거를 볼 수 없어 시부터 배웠다. 1년 반이 지난 후 황상이 잘 지은 「설부」라는 시는 다산을 놀라게 한다. 이외에 황경, 손병조, 황지초, 이청, 김재정 등과 함께 강진 읍내 6 제자로 불린다.

서로 좋은 만남이 되려면 내가 먼저 열심을 보여야 한다. 유유상종이다. 열심히 하는 사람들에게 열심히 하는 사람들이 모인다. 모든 사람을 거둬줄 수는 없다.

백성의 마음을 거두어 줌

'내가 강진에 있었다면 무엇을 했을까?'라는 생각을 해 본다. 정약용은 백성을 생각하는 마음이 있었다. 기존 성리학을 비판하고 사회적인 현실을 중시하였다. 봉건적 신분계급을 타파하기를 원했고, 서양 과학을 적극적으로 수용하기를 원했다. 하고 있는 일이 실제 생활에 도움이 되는 실학을 공부했다. 그의 삶은 연구해서 실제 도움이 되는 것을 만드는 삶이었다. 경세유표, 목민심서, 흠흠신서를 쓴 이유이다.

거두어 주는 삶을 살려면 내가 살고 있는 집을 잘 세워야 한다. 마음을 채워야 한다. 다산의 생각에서 거두어들이자.

새벽에 쓰는 흔적의 축적

삼근계(三勤戒) : 부지런하고 부지런하고 부지런하라.

사의재(四宜齋) : 생각, 용모, 언어, 행동 네 가지를 반듯하게 하는 집(사모 신동, 思貌言動).

수오재(守吾齋) : 나를 지키는 집(정약용 큰 형님의 방 이름).

과골삼천(踝骨三穿) : 다산이 공부하고 공부하면서 복사뼈에 세 번이나 구멍이 나다.

처음 다산을 거두어 준 주막 주모가 다산을 살리고 다산이 황상을 거두어 살리는 연쇄반응이 일어났다. 오늘 내가 거두어 줄 사람은 누구인가? 나를 거두어 줄 사람은 있는가? 사의재로 반듯하게 하고 수오재로 나를 먼저 지켜야 한다.

18.
일론 머스크, 미래의 설계자(일론 머스크)

일론 머스크는 전기 자동차 회사 테슬라 모터스와 우주 로켓 회사인 스페이스 엑스의 CEO이다. 이외에 하이퍼루프를 구상하고 있으며 궁극에는 우주여행을 통한 화성 이주를 계획하고 있다.

일론 머스크는 1971년 남아공 출생, 전기기계 공학자 아버지의 영향으로 컴퓨터 프로그래밍을 독학했으며, 12살에는 비디오 게임기를 판매한 이력도 있다. 1995년 인터넷, 재생에너지, 우주에 관한 열망으로 스탠퍼드 박사 과정을 자퇴하고 인생의 터닝 포인트를 맞이한다.

『일론 머스크, 미래의 설계자』 책은 일론 머스크의 전기이자 인터뷰 내용이다. 일론 머스크의 삶에서 일부만 '일/론/머/스/크'로 정리해 보았다.

일) 일 중독자다

일머리가 있는 일낸 머스크다. 매일 8시간, 주 52시간 얘기는 꺼내지도 마라. 물론 하는 일을 즐기면서 한다. 인터넷 업체 운영 시에는 소프트웨어 코딩까지 배웠다. 스페이스 엑스 회사에서 '줄임말은 심각한 골칫거리이다.'라는 이메일까지 보내며 세세한 부분까지 신경을 쓴다. 예를 들면 부품 용어인 수평 시험대 'HTS horizontal test stand'를 그냥 시험대 'test stand'라고 지시하는 세밀함을 보인다. 용어 하나까지 줄여 일을 최소화한다.

2000년 12월 말 2주 동안 신혼여행 겸 아프리카에 머물면서 말라리아에 걸린다. 머스크는 중환자실에서 열흘 동안 말라리아와 싸웠다. 체력이 강하고 스트레스 적은 그도 건강을 회복하는 데 6개월이 걸렸다. 체중이 20kg이 빠져서 옷이 맞지 않았다고 하면서 말한다.

"정말 죽을 뻔했어요. 그래도 휴가에 대한 교훈은 확실하게 배웠죠. '휴가 가면 죽을 것이다.'"

그래서 일하는 중독에 빠지는 것이 아닌가 생각해 본다.

론) 논점이 다르다

머스크가 하는 일은 페이스북과 같은 SNS 사업이 아니며, 아이폰과 같은 제품을 만드는 것도 아니다. 그가 하고 있는 일은 남들이 하지 않은 인류를 위한 일이다. 게임 체인저의 화두 테슬라 전기차, 교통난 해소를 위한 하이퍼루프, 스페이스 X를 통한 로켓 발사체 재활용, 좁은 지구를 벗어나기 위한 화성 이주 계획 등 남과 다른 사업이다. 로봇을 만들어 일자리를 빼앗는 데 기여하지 않는다. 이윤을 따르는 사업가보다는 지구별에 온 탐험가이다.

머) 머리를 써라

머스크의 명쾌하고 간결한 글은 논리성을 뛰어나 핵심을 정확하게 한 가지씩 짚고 넘어간다. 그는 어려서부터 독서광이었다. 펜실베이니아대학교와 와튼 스쿨에서 물리학과 경제학을 공부했다. 이때부터 머릿속에 전기 자동차에 대한 관심이 생겼다. 공부해서 아는 것도 많다. '자동차 부품이 왜 이렇게 많아?' '로켓 발사체를 재활용할 수 없나?' 등의 어린 아이와 같은 생각을 현실화하는 시도를 한다.

스) 스스로 원하는 일을 치열하게 한다

스탠퍼드대 박사 과정에 입학하자마자 이틀 만에 자퇴하고 등록금을 날린다. 1994년 12월 넷스케이프가 웹 브라우저로 인터넷 세상을 개화하기 시작했기 때문이다. 인터넷 지도 소프트웨어 업체 집투(ZIP2)를 창업한다. 뒤이어 집투를 매각하고 엑스닷컴, 콘피니티(향후 페이팔)까지 인수한다. 페이팔을 이베이에 매각하여 큰 성공을 거둔다. 많은 돈을 벌었으니 남들 같으면 빌딩이나 짓고 편하게 쉴 것 같은데 머스크는 미리 생각한 재생 에너지, 우주로 시야를 돌린다. 남이 시키는 일이 아닌 생각 속에 그려낸 큰일을 하는 사람이다.

크) 크레이지하다

확고한 신념으로 가득 찬 천재에게만 있는 미친 성격인 듯하다. 타협하기 어렵고 함께 일하기도 어려워 해고도 쉽게 한다. 일에 미쳐있고 성격도 미치고 하니 그의 능력에 못 미치는 실력을 가진 사람은 같이 일하기 어렵다. 세 번의 로켓 발사 실패 끝에 두 번의 성공을 한다. 미친 듯이 일하면서 해내는 사람이다. 현재 민간 업체로는 유일하게 '우주 화물선'을 운행한다.

일론 머스크의 큰 그림은?

인터넷 분야는 집투와 페이팔로 완성하였고, 재생 에너지 분야는 테슬라 모터스와 태양광 발전 솔라시티로 진행 중이며, 우주 공간은 스페이스 엑스로 화성 이주를 계획하고 있다. 이외에도 인공지능, 하이퍼루프 등 여러 가지를 추진하고 있다. 완전 크레이지 하다.

모두가 일론 머스크처럼 될 수 없다. 그래도 인류를 위해서 할 일류의 일은 많다. 일론 머스크처럼 독서하기, 인류를 위해 할 것을 또 찾고 행하는 것이다. 예를 들면 종이컵 사용을 줄이고 개인 컵 쓰기, 음식물 쓰레기 줄이기 등이다. 일론 머스크는 화성 이주 계획을 세우지만 우리는 화분 이주를 실천할 수 있다. 미래의 설계자는 못 되더라고 내일의 실행자는 될 수 있다.

19.
깊은 인생(평일시위 자강심청)

나의 마리츠버그역은 어디인가? 그냥 무심코 지나쳤는가? 위대한 인간도 처음에는 평범한 어린이였으며 청년이었다. 평범한 인간이 어느 순간 위대한 인간으로 바뀌는 계기가 있다. 이를 터닝 포인트라고 부른다.

구본형 저자는 『깊은 인생』에서 평범한 일상을 시처럼 위대하게 살고, 스스로 강물로 흐르는 깊고 푸른 인생을 살라고 한다. '평일시위 자강심청'이라고 정리해 본다.

어느 분야에서 잘 알려진 사람이라고 해도 아무나 위인으로 부르지 않는다. 구본형 저자는 위인들의 깊은 인생으로 가는 길을 3가지 관문으로 표현한다. 깊은 인생은 '깨우침', '견딤', '넘어섬'의 관문이다. 깊은 인생을 가는 길은 다음과 같다.

깨우침의 단계

영국과 인도에서 시시한 월급쟁이 변호사로 지내던 간디는 업무차 남아프리카 공화국에 가게 되어 일등석 역마차를 타게 된다. 역마차는 마리츠버그역에 정차했고 역에서 승차한 백인이 간디와 동승을 거부하자 역무원은 간디를 끌어내리고 출발시킨다. 마리츠버그역에서 밤새 추위에 떨며 인생을 한탄하다 많은 생각을 한다. 그리고 인권에 대한 분노가

치밀어 정치가로의 변신을 결심한다.

시시한 변호사에서 위대한 지도자로 향하는 터닝 포인트가 되었다. 그동안 많은 유색인들은 그 역에서 그러려니 하고 다음 날 자신의 목적지로 향했지만 간디는 내면에 위대한 지도자가 되려는 준비가 되어 있었다. 우연은 누구에게나 일어난다. 그러나 어떤 사람에게 그것은 우연이 아니라 필연적 만남이 된다.

견딤의 단계

영국의 윈스턴 처칠은 폭풍을 잘 견디는 사람이다. 육군사관학교를 졸업하고 정계에 진출하여 젊은 나이에 국회의원, 해군 장관을 경험한다. 제1차 세계대전에서 갈리폴리 패전으로 장관을 사임하고 조용히 의원직을 유지하며 야인 생활을 한다. 제2차 세계대전이 발발하자 다시 해군 장관으로 복직한다. 그 후 총리가 되어 독일을 물리치고 전쟁에서 승리한다. 그러나 전쟁 영웅도 잠시였다. 전쟁이 끝나고 총선에서 패배한다. 1951년 두 번째 총리를 역임하고 1955년 사임한다.

전쟁이 없었다면 처칠을 기억하지 못했을 것이다. 처칠이 사망하자 불멸의 인간이 되었다. 처칠의 전쟁에 대한 예지력은 현장을 철저히 관찰하는 부지런함과 연역적 추론에서 나왔다. 중요하게 여긴 것은 다수의 의견이 아니라 사실에 관계한 처칠의 예지력과 통찰이었다.

위대한 업적은 한 사람이 본 것을 불굴의 의지로 실천할 때 만들어진다. 끈질기게 삶에 달라붙어 목표를 이룰 때까지 견뎌내야 한다.

넘어섬의 단계

아니타 로닉은 1942년 영국의 작은 해변도시 리틀 햄프턴에서 태어났다. 어머니에게서 용기와 절약을 배웠고 재활용, 재사용, 리필링이라는 '더바디샵'의 창시자가 되었다. 그녀의 인생은 도전이었다. 자신의 '더바디샵' 지분 1조 1천억 원을 마련하여 인권 운동에 투여하기 시작한다. 개인의 안위가 아닌 자신을 넘어 세상과 접속한 것이다.

우리는 위인의 삶을 보면서 남의 인생이라 생각할 수 있다. 구본형 저자는 한국 IBM의 경영혁신 팀장에서 한국 최고의 변화경영 전문가로 자신을 재정의하였다. 여태 공부하여 알게 된 것과 체득한 깨달음을 인생에서 실험해 보고 싶어 변화경영연구소를 만들고 개인 대학원을 만들었다. 위인들의 이야기를 예를 들며 자신도 작은 별이 되고자 했다. 우리들에게 우리들의 신화는 무엇이냐고 질문한다. 평범한 일상을 시처럼 위대하게 살고, 강물로 흐르는 깊고 푸른 인생을 살라고 말한다.

당신은 깨우치고 견디고 넘어서는 위인의 길을 갈 것인가? 조용히 안주하는 삶을 살 것인가?

20.
시작의 지혜(다르게, 조용히, 작게)

　창조적 소수자인가? 대세를 따르는 자인가? 내가 서 있는 포지션
(Position)은 어디인가?

　모세는 12명의 특출난 정탐꾼을 보내어 가나안 땅을 정탐하게 한다.
12명 중 10명은 가나안 땅을 보더니 거주민을 삼키는 땅이라 악평한다.
가나안 사람을 보고 몸집이 큰 거인들이라고까지 확대 해석한다. 반면
에 나머지 2명, 여호수아와 갈렙은 젖과 꿀이 흐르는 심히 아름다운 땅
이라고 말한다. 뭘 믿고 그러는지 능히 이기리라고 확신한다.

　10명의 정탐꾼은 이집트로 돌아가기를 원했다. 그들은 종노릇을 해
도 마음 편한 과거로 돌아가고 싶어 했다. 그동안의 광야 생활에 지쳤
을 것이다. 그러나 여호수아와 갈렙은 가나안 땅에 들어가기를 원했다.
가나안 땅을 실제로 보고 큰 그림이 더 확실해졌다. 광야 생활에 지쳐도
미래를 확신한 사람이었다.

　여호수아는 말씀에 대한 강한 믿음이 있었다. "이 율법 책을 네 입
에서 떠나지 말게 하며 주야로 그것을 묵상하여 그 안에 기록된 대로
다 지켜 행하라 그리하면 네 길이 평탄하게 될 것이며 네가 형통하리
라."(여호수아 1:8)

　여호수아 같은 창조적 소수자들은 새로운 변화를 추구한다. 새로운

시작을 하려면 익숙한 것과 멀리 떨어져야 한다. 다시 보지 않을 결별의 마음이다. 시작하는 방법은 여러 가지가 있을 것이다. 크게 선포해도 상관없다. 조용히 해도 상관없다. 일단 시작하는 것이 중요하다.

강준민 저자는 『시작의 지혜』에서 "조용히, 작게, 다르게 시작하라." 라고 말한다. 호들갑 떨지 않고, 스몰 스텝으로, 다른 관점으로 시작하라는 것이다.

> *다르게 하려면 마치 일을 처음 시작하듯이 할 수밖에 없다.*
> *그래서 그들은 조용히 시작하고,*
> *미리미리 준비해서 시작하고, 작게 시작한다.*
> *항상 처음 시작했던 그 마음을 유지한다.*
>
> _서광원, 『시작하라 그들처럼』

다르게 시작하려면 조용히, 미리미리, 작게 시작해야 한다. 그전에 자신이 어떤 포지션에 설 것인지 정해야 한다. 2021년 대한민국에도 정탐해야 할 새로운 땅이 있다. 10명의 대세를 따를 것인가? 여호수아와 갈렙처럼 창조적 소수자의 포지션에 설 것인가?

새해, 새달이 되면 매일매일을 자신의 통제하에 모두 다 조작(操作)할 수 있도록 해야 한다. 시작은 다르게, 조용히, 작게!

21.
내 인생의 책

당신의 인생 책은 무엇인가? 내 마음을 울린 문장은? 인생의 어떤 부분에 영향을 미쳤나?

신문이나 잡지를 보면 명사들의 '내 인생의 책' 코너가 있다. 책을 읽은 뒤 삶이 바뀌고 그 자리에 있게 한 원동력이라고 말한다. 사람은 책을 만들고 책은 사람을 만든다고 한다. 책은 살아가면서 위로가 되고 큰 힘이 된다. 각자 인생의 책이라고 할 수 있는 책 몇 권은 있을 것이다. 시간 날 때 내 인생의 책을 정리하고 필사하는 것도 하나의 재미다.

바쁘게 사느라 독서를 소홀히 하던 어느 날, 유튜브에서 최진석 교수의 '자신의 주인으로 산다는 것' 영상을 보았다. 그중 '경계에 서라'는 말은 큰 울림이었다. 경계에 선다는 것은 읽기, 듣기, 배우기와 쓰기, 말하기, 가르치기의 경계선에 선다는 것이다. 우리는 읽고 듣고 배우는 한쪽에만 서 있고는 한다. 그러나 한쪽에만 치우쳐 있지 말고 글을 쓰고 말하고 가르치라는 것이다. 우리가 경계에 서야 하는 이유다.

책을 읽으면 좋은 문장을 정리하고, 책 내용을 의미 있게 정리해 보려고 한다. 책을 많이 읽는 것도 좋지만, 변화된 삶이 더 중요하다. 본 것, 깨달은 것을 의미 있게 정리해야 삶에 적용할 수 있다. 정리된 문장이 입에서 튀어나오고 몸으로 행동해야 한다. 칼잡이는 칼이 많은 것을 자랑하지 않는다.

내 인생의 책은
내) 내곁에 두면서
인) 인생을 논하며
생) 생활에 재미와
의) 의미를 안기는
책) 책이다.

근래 나에게 영향을 준 '내 인생의 책'을 문장으로 만들어 보았다.

고수가 되려고 『일생에 한 번은 고수를 만나라』에서 MASTER를
변화를 하고자 『최고의 변화는 어디서 시작되는가』에서 CHANGE를
공부를 파고자 『공부의 달인 호모 쿵푸스』에서 KUNGFUS를
내 책을 쓰려고 『책 쓰기는 애쓰기다』에서 해산의 고통을
무조건 하려고 『들이대 DID』에서 DID를
실행력 높이려 『지금 하지 않으면 언제 하겠는가』에서 MENTOR'S PM을
인생을 살고자 『깊은 인생』에서 평일시위 자강심청을 알았으니
책에서 깨우쳐 견뎌내고 넘어서는 인생을 살아야 하지 않겠는가?

2장

시를 짓고 시를 쓰기
- 시의 흔적

시를 짓고 시를 써야
시시(詩詩)하지 않은 생을 살아간다.

01.
연약한 블로거의 고백(17개의 약)

연약한 자가 블로그를 시작합니다.

미약한 글이지만 이것저것 끄적입니다.

구약의 잠언, 시편을 읽고 주제를 선정합니다.

고약한 주제를 만나면

빈약한 글이 됩니다.

요약한 남의 명언이라도 채웁니다.

나약한 정신과

허약한 체력은

취약한 글이 됩니다.

한약 한 접이라도 먹고 써야 하는

극약 처방이 필요합니다.

안약 눈물이라도 넣고 다시 씁니다.

만약 블로그를 시작하고픈 분들이 있다면

언약하십시오. 매일 쓰겠다고.

심약한 마음을 이겨내야

기약에 없던 파워 블로거가 될 수 있습니다.

작약과 같이 수줍더라도 블로그의 꽃을 피워야 합니다.

02.
새벽이슬이 달리 보인다

이슬을 생각하면 떠오르는 단어는 무엇인가?

아침이슬, 새벽이슬, 저 장미꽃 위에 이슬, 참 이슬, 형장의 이슬~~~

이슬(Dew)은 지상의 수증기가 찬 공기와 만나 만들어진 물방울이다.

이슬의 탄생과 소멸 과정을 보니 자연의 섭리가 놀랍다.

가을은 장마를 멀찍이 보내야 한다.

하늘은 맑아야 바람은 없어야 한다.

낮에는 더워야 밤에는 추워야 한다.

공기는 따습게 물체는 차갑게 된다.

물체가 이슬점 이하로 내려가면 수증기가 응결한다.

긴밤을 지새고 지새야 수증기가 물방울로 탄생한다.

태양이 서서히 모습을 나타내려 한다.

이슬이 형장의 이슬로 사라지려 한다.

이슬은 땅으로 떨어져 땅밑으로 간다.

이슬은 버티다 하늘로 없어지고 만다.

새벽이슬은 축복이다. 강우량이 적은 사막에서는 밤새 내린 이슬이 신이 내린 축복이었다. 메마른 대지를 적시는 건 비가 아닌 이슬이었다. 사막에서 생물이 살아갈 수 있는 이유이다.

새벽이슬은 청년이다. 태풍이나 폭우의 기세에 눌려 초라하기 그지없
다. 아무 보잘것없는 수증기 하나가 합쳐져 물방울이 된다. 작은 수증기
가 물방울 청년이 되어 나뭇잎을 적시며 대지를 적신다.

새벽이슬은 운명이다. 물방울이 되든 수증기가 되든 주어진 환경에
따른다. 작은 수증기들이 온도 차를 이용해 뭉치는 모습이 우리의 삶이
다. 작은 물방울이 되어 지나가는 나그네의 갈증을 해소한다. 긴 밤을
지새운 보람이 생명수가 된다.

새벽이슬은 때가 있다. 백로(흰 이슬)가 그 시작이다. 백로는 24절기
중의 하나로 처서와 추분 사이의 절기이다. 빙결점 이하로 내려가는 겨
울이 되면 수증기는 이슬이 아닌 서리(Frost)가 된다. 서리보다 이슬이
더 정감 어리다.

새벽이슬은 참 이슬이다. 가을을 지나 긴 밤 지새우며 탄생한 이슬이
참 이슬이다.

새벽에 쓰는 흔적의 축적

03.
마르지 않는 샘

    마르지 않는 샘(Undried spring)을 가진 사람은 어떤 사람인가? 얼마 전 선배와 점심을 먹으며 하루 루틴을 물어보았다. 역시 새벽형으로 새벽 기도를 다닌다고 한다. 테니스로 몸을 단련하고 일찍 출근한다. 틈만 나면 자격증 공부를 한다. 1년에 자격증 1~2개는 기본이다. '그게 될까?'라고 생각한 일을 '이게 된다'로 추진했다. 자주 웃는다. 후배에게 해 주고 싶은 말이 많다. 마르지 않는 샘물과 같은 선배이다.

마르지 않는 샘은 3정(定)이다.
정해진 시간에
정해진 일을
정해진 양만큼 한다.

마르지 않는 샘은 공급의 샘이다.
지혜의 샘이며
생명의 샘이며
공급의 샘이다.

마르지 않는 샘은 선생님이다.
가르치기 위해 배운다.

가르치기 위해 공부한다.
가르치기 위해 가르친다.

마르지 않는 샘은 품는다.
하늘의 눈물을 품는다.
골짜기의 눈물을 품는다.
지나가는 이의 눈물을 품는다.

마르지 않는 샘은 친하다.
하늘과 친하다.
깊은 산과 친하다.
뿌리 깊은 나무와 친하다.
넓은 바다와 친하다.

마르지 않는 샘은 낮은 곳을 향한다.
높은 곳에 있지만
낮은 곳으로 향한다.
바다로 향한다.

마르지 않는 샘은 환경을 탓하지 않는다.
폭우가 와도 그런가 보다
가뭄이 와도 그런가 보다
항상 그런가 보다.

새벽에 쓰는 흔적의 축적

마르지 않는 샘은 만만하다.

토끼가 세수하러 왔다가

물만 먹고 가도 뭐라 하지 않는다.

샘이 만만하게 보인다면

그 샘은 당신을 배려하고 있는 것이다.

항상 메마르지 않도록 공급받아야 한다.

조금이라도 흘려보내는 마르지 않는 샘이 되어야 한다.

04.
방울의 침묵

침묵은 얼음이다.
비 내리는 새벽에 조용히 책을 펼친다.
아무 말 없이 문장을 따라간다.
빗방울 같은 한 문장이 걸린다.

고양이 방울 달기다.
침묵은 중간에 섬이다.
고양이 방어에 대한 토론이 벌어진다.
누군가 고양이 목에 방울 달기를 제안한다.
말한 자가 해결해야 한단다.
말 안 하길 잘했다.

침묵은 잃음이다.
이럴 수가, 제안한 쥐는 방울을 달지 않기로 정해졌다.
눈치 게임으로 방울 달기를 정한다.
누군가 1을 외친다. 2를 외친다. 3을 외친다.
멍하니 바라만 본다.
내가 해야 한다.
때에 맞는 말이 얼마나 중요한가?

침묵은 게으름이다.
고양이 목에 방울 다는 방법을 읽는다.
다 읽어서 뿌듯하다.
시간이 지나 내용은 잊힌다.
몸으로는 침묵한다.

침묵은 동이다.
침묵해야 할 때 침묵하는 것이 금이다.
어차피 할 거라면 고양이 방울 달기를 제안했어야 했다.
그냥 침묵은 금이 아니다. 은도 아니다.
어떤 방울로 달 것이냐? 방울 달기는 언제 할 것인가가 문제다.
말하는 방법은 많은데 침묵하는 방법은 적다.

아무래도 오늘은 고양이 목에 방울을 달아야 한다.
선한 새끼 고양이를 보내 주시고, 방울 달 때는 신속하게 하는 기적을
체험하게 해 달라고 기도한다.

05.
앞선 자

앞선 자는 '사자춤을 출 때, 사자탈 속에서 사자의 머리를 돌리는 사람'이다.

사자의 탈을 쓰고 사자인 양 행동해야 한다.

앞선 자는 뒤선 자를 이끌어야 한다.

앞선 자는 리더이다.

앞선 자는 3선(先)이다.

선견지명(先見之明)으로 미래를 본다.

솔선수범(率先垂範)으로 모범을 보인다.

선사선행(先思先行)으로 먼저 생각하고 행동한다.

앞선 자는 3국을 안다.

시국을 알고

난국을 알고

천국을 안다.

앞선 자는 3명이 있고 3명이 없다.

천명이 있고

소명이 있고

사명이 있다.

해명이 없고
불명이 없고
항명이 없다.

앞선 자는 잘 세운다.
목표를 잘 세운다.
사람을 잘 세운다.
기록을 잘 세운다.

앞선 자는 공시생의 미래를 바꾸는 자이다.
공간을 바꾼다.
시간을 바꾼다.
생각을 바꾼다.
미래를 바꾼다.
(Changing Place, Changing Time, Changing Thoughts, Changing Future)

앞선 자는 일찍이고 먼저이다.
일찍 잔다.
일찍 일어난다.
일찍 시작한다.

먼저 산다.

먼저 써 본다.

먼저 알려 준다.

앞선 자는 겁 머리가 없다.

겁이 있어도 없는 듯

겁이 많아도 없는 듯

겁이 적어도 없는 듯

그렇듯 *신겁자전이다.

앞선 자는 잘 읽는다.

책을 잘 읽고

마음을 잘 읽고

판세를 잘 읽는다.

앞선 자가 되고 싶으나 준비가 부족하고, 뒤진 자가 되려 하나 면이 안 선다. 있는 자리에서 최선을 다할 뿐이다. '노블레스 오블리주'를 생각하며 하루를 시작해야 한다.

* 신겁자전 : 신은 겁쟁이를 통해 자신의 뜻을 전달하지 않는다.
  팀 페리스의 『지금 하지 않으면 언제 하겠는가』 책에서 힌트를 얻어 만든 신조어이다.

06.
근역을 위한 전심전력

근역(槿域)은 우리나라의 별칭이다. 우리나라에는 옛날부터 무궁화가 많이 자라 근역이라 불렸다. 근은 무궁화이며 역은 구역을 말한다.

48년째 이어지는 '근역서가회전'에 다녀왔다. 들어가서 방명록에 서명하는데 서가회에 걸맞게 붓으로 서명하여야 하나 연필로 썼다. 전시회를 한 바퀴 둘러봤다. 탁자에 앉아 근역이 무엇이냐고 물었다. 무궁화가 많이 자라는 땅이라고 하신다. 서가회장님이셨다. 그리고 나눈 짧은 대화.

회장님 : 글 좀 쓰시나요? 어찌 알고 오셨는지요?

나 : 지인의 제안을 받고 온 일반인이에요(속으로는 블로그 1일 1포씩은 써요!).

우리나라와 서가회 모임에 대하여 생각해 보았다.

글 쓰는 사람들은 전시회에 출품하기 위해 전심전력한다. 하나의 작품을 내는 것이라면 더 집중해야 한다. 그 정성을 알기에 한 번 더 둘러보았다. 글쓰기에 문외한이고 초서라 이해하기 어렵다. 한 문장이라도 건져야 하기에 세 번째 둘러보고 얻은 문장은 "길이 없으면 찾아라. 찾아도 없으면 만들어라."이다. Way maker!

'근역서가회전'에서 근역과 전심전력(全心全力, 온 마음과 온 힘을 다하는 모습)을 생각하니 도산 안창호 선생님이 생각난다. 안창호 선생님은 우리가 전심전력해야 하는 이유를 말한다.

"그대는 나라를 사랑하는가? 그러면 먼저 그대가 건전한 인격이 되라.
우리 중에 인물이 없는 것은 인물이 되려고 마음먹고 힘쓰는 사람이 없는 까닭이다.
인물이 없다고 한탄하는 그 사람 자신이 왜 인물이 될 공부를 아니하는가."

전심전력을 정의해 보았다.
전심전력은 3인이다.
마음에 각인
행동에 올인
목표에 골인

전심전력을 하면 3력이 생긴다.
일에 몰두하니 매력이 생기고
사람을 이끄는 마력이 생기고
큰돈을 모으는 재력이 생긴다.

전심전력하는 자는 3자기를 하는 자이다.
자기계발을 하고

자기경영을 하고
자기혁명을 하는 자이다.

전심전력하려면 3대와 같이 알면 안 된다.
대충
대강
대략

전심전력하면 3성을 한다.
성장하고
성숙하고
성화된다.

전심전력으로 글쓰기를 하면
근력이 생기고
글력이 생기고
필력이 생긴다.

전심전력은 3심을 버리고 3심으로 한다.
욕심을 버리고
탐심을 버리고
변심을 버린다.

진심으로 하고

협심으로 하고

합심으로 한다.

그래야 뒷심이 발휘되고 안심하고 인심을 얻는다.

지금 하고 있는 일에 한심하게 한숨만 쉬지 말고 전심전력하여 자신
이 근역의 인물이 되어야 한다.

07.
나의 성지는 어디인가

성지는 아지트다.

내가 처음 방문한 성지가 있다.

내가 자주 방문할 성지가 있다.

내가 지금 있는 이곳이 성지다.

성지는 뜻을 이루는 지성소(志成所)이다.

성지는 성스러운 곳이다.

성지는 뜻을 세우는 곳이다.

성지는 뜻을 이뤄내는 곳이다.

성지는 험지다.

내가 있고 싶은 곳이다.

다른 사람도 있고 싶은 곳이다.

경쟁이 심하고 험한 곳이다.

여우에게는 고향이 성지다.

수구초심 여우가 죽을 때 고향을 바라보며 생을 마친다.

성지순례는

성) 성스러운 자기 신앙을

지) 지키기 위해

순) 순전히 자신의 몸을 던져 순교한

례) 예를 체험하는 과정이다.

신앙생활을 하는 분이라면 성지순례를 통해 삶의 의미를 찾을 수 있다. 내가 여기 있는 곳을 성지로 만들 수 있고, 또 다른 성지를 찾아야 한다. 시온성을 향해 가는 천로역정의 길이 또 다른 성지를 찾는 과정이다. 내 근처의 방을 먼저 청소해야 뜻을 이루는 성지가 된다.

08.
친구 피시아스와 다몬

고대 그리스의 전설에 나오는 다몬과 피시아스의 목숨을 건 우정 이야기를 살펴보자.

피시아스 청년은 교수형 당할 처지에 놓였다. 왕에게 연로한 부모님께 마지막 인사를 간청하였다. 왕은 다른 사형수와의 형평성 문제와 나쁜 선례를 남길 수 있어 고민하고 있었다. 그러던 차에 친구 다몬이 피시아스가 귀환하지 않을 시 대신 교수형을 당하겠다는 제안을 한다. 왕은 이를 허락하고 다몬이 대리로 투옥된다. 그러나 사형 시간이 지나도 피시아스는 돌아오지 않는다. 주위의 욕설이 들리지만 다몬은 친구를 기다린다. 왕은 사형을 집행하라고 명령한다. 그때 극적으로 피시아스가 도착하여 다몬과 포옹을 한다.

피시아스가 말한다. "나의 소중한 친구여, 저세상에 가서도 자네를 잊지 않겠네." 다몬이 답변한다. "자네는 먼저 가는 것뿐이네. 다음 세상에도 틀림없는 친구야."

왕은 이를 지켜보고 피시아스를 사면하도록 지시한다. 그리고 왕이 혼잣말을 한다. "내 모든 것을 다 주더라도 이런 친구를 한번 사귀고 싶다."

다몬은 친구 피시아스를 철저히 믿었다. 그전에 피시아스의 삶을 보았기 때문이다. 그렇기에 자기의 목숨을 보증하면서까지 베팅한 것이다. 그럼 다몬은 친구의 배반을 생각했을까? 배반하더라도 우정의 가치를 자기의 목숨으로 본 것이다. 내가 다몬이라면 어찌했을까? 세상을 살아가면서 좋은 친구가 있다는 것만으로도 든든하다. 내가 먼저 이런 친구가 되어야 한다.

친구의 단계를 다음과 같이 정의해 보았다.

홀로 친구다. 엄마가 친구다. 부모 관계로 일어섬과 넘어짐을 반복하면서 홀로서기를 한다. 엄마 품을 벗어나는 난계다. 친구를 모른다.

소꿉 친구다. 짝꿍이 친구다. 소꿉놀이로 친해진다. 같이 놀아가며 장난감을 쌓는다. 만나면 친구다.

친한 친구다. 학생이 친구다. 같이 공부하고 배운다. 끼리끼리 만나며 우정을 쌓는다. 친구를 고르기 시작한다.

계약 친구다. 일하는 친구다. 프로젝트로 일하며 지낸다. 갑을 관계가 있고 프로젝트 일정을 쌓는다. 신뢰를 만들어야 인생 친구를 건진다.

인생 친구다. 부부 친구다. 생활 놀이로 살아간다. 한솥밥을 먹는다. 금슬을 쌓는다. 삶을 부대끼며 살아가는 인생 친구다.

영적 친구다. 신앙 친구다. 신앙생활로 살아간다. 기도를 먹는다. 영적 양식을 쌓는다. 삶의 종착지를 아는 친구다.

홀로 친구에서 소꿉친구, 친한 친구, 계약 친구, 인생 친구, 영적 친구를 만나게 된다. 친구는 내 기쁨과 슬픔을 함께 나누는 자이다.

새벽에 쓰는 흔적의 축적

09.
증거는 증거해야

요즘 주말에 집사람의 운전 연습을 도와주고 있다. 운전 초보자 (Complete novice)의 미숙한 조작에 베테랑(Veteran)의 예리한 지적 질이 들어간다. 반복된 지적에 운전 초보자가 짜증을 드러내고 베테랑의 흠을 드러낸다. 얼른 보관하고 있던 베테랑의 속도위반 과태료 통지서를 꺼내 든다. 베테랑의 예리한 지적질이 겸손모드로 바뀐다. 베테랑의 기억 속에 속도위반은 없지만 과태료 통지서는 명백한 물적 증거다.

증거에 대하여 정리해 보았다.

증거는 남겨야 한다.
호랑이는 죽어서 가죽을 남기고
사람들은 죽어서 이름을 남기고
블로거는 살아서 문장을 남긴다.

증거는 보여야 한다.
책을 쓴다면 책쓰는 증거를
운동을 한다면 운동한 증거를
종교를 믿으면 믿음의 증거를 보여야 한다.

증거는 해야 한다.

입으로 말을 해야 한다.

몸으로 행동해야 한다.

증거로 증거해야 한다.

증거하는 삶은 어렵다. 그래도 믿음으로 삶으로 살아내야 한다.

10.
휴식과 안식

안식(安息)은 편안하게 쉬는 것이다. 고된 노동이나 운동 후의 쉼은 휴식이자 안식이다. 휴식이나 안식이 아무것도 안 하는 것은 아니다. 산책을 하거나 책을 읽으며 쉬기도 한다.

무엇이 진정한 휴식이며 안식인가?
휴식과 안식은 몸과 마음을 위하여야 한다.
휴식과 안식을 위한 때와 장소가 있다. 휴식처와 안식처이다.

휴식과 안식은 하루에도 때가 있다.
새벽이다. 몸과 마음을 일깨우는 워밍업 시간이다.
점심이다. 몸과 마음을 쉬게하는 중간 휴식시간이다.
취침이다. 몸과 마음을 내려놓는 수면시간이다.

휴식과 안식은 장소가 있다.
내가 머물고 있는 곳이다. 거주지다.
내가 때때로 가는 곳이다. 아지트다.
내가 가보고 싶은 곳이다. 여행지다.

휴식과 안식은 3식이다.

소식이다. 적게 먹어야 건강하다.

절식이다. 절제하며 먹어야 한다.

금식이다. 내장 기관도 쉬어야 한다.

휴식과 안식은 편안히 보는 것이다.

가족을 보는 것이다.

자연을 보는 것이다.

말씀을 보는 것이다.

휴식과 안식은 모두를 위하여야 한다.

자신을 위하여야 한다.

가족을 위하여야 한다.

사회를 위하여야 한다.

창조 원리에 따르면 휴일엔 쉬어야 한다. 오늘 일을 제대로 해야 내일 감격의 휴식과 안식을 누릴 수 있다.

새벽에 쓰는 흔적의 축적

11.
Stay hungry, Stay foolish

"Stay hungry, Stay foolish!" 스티브 잡스의 스탠퍼드 대학교 연설이 금식과 갈망으로 들린다.

Hungry는 금식(fasting)이다

요즘 먹방(먹는 방송)의 인기에 놀라곤 한다. 많은 사람들이 유튜버의 과식과 폭식을 보면서 즐긴다. 그걸 보면 자연스럽게 따라 먹게 된다. 유튜버의 건강이 심히 걱정되는데 말리는 이는 없다. 따라 먹는 이를 말리는 이도 없다.

Foolish는 갈망(Thirst)이다

우리는 간절히 바라는 것, 갈망을 모른다. 오랫동안 잠깐 생각했다가 잊어버린다. 짧으면 하루살이요. 길면 작심삼일이다. 앞에 보이지 않기 때문이다. 좋은 방향으로 가고 있는 멘토나 선배를 만난다면 축복이자 행운이다. 그렇지 못한 영역에 머무른다면 새로운 영역으로의 전환이 필요하다.

굶주린 자는 찬밥 더운밥을 가리지 않는다. 지푸라기라도 잡는다. 부스러기라도 먹는다. 1%의 가능성에도 도전한다. 불러주는 곳이라면 먼 곳이라도 찾아간다. 줄자로 재지 않는다.

먹지 않으려는 금식은 과식으로 대체되고

하지 않으려는 갈망은 허망으로 대체된다.

하고자 하는 금식과 하고 싶은 갈망의 영역에 머물러 있어야 한다.

과식으로 배부르고 허망으로 뇌 채우지 말자!

"Stay hungry, Stay foolish!" 계속 금식하고 갈망하자!

12.
행함을 행함

며칠 전 블로그를 하는 동료 직원을 우연히 만나게 되었다. 이런저런 이야기를 하면서 그 젊은 직원의 부지런한 모습에 자극을 받았다. 오랜만의 자극에 감사가 되었다. 그에게 도움이 되는 이야기를 해 주고 싶었다. 나의 준비된 레퍼토리 중 몇 개의 보따리를 풀었다.

부지런한 그의 삶을 6대 영역으로 정리해 보았다.

1. 일(Work) : 현재 자기 일에 만족하며 다니고 있음.

2. 자기계발(Self Development) : 피아노 연주(젊은 친구가 대단함), 소설책을 읽으며 블로그도 함.

3. 건강(Health) : 1년 치 헬스 비용(저렴)을 한 방에 내고 꾸준히 운동 중.

4. 가정(Family) : 아직 미혼이라 진행 중.

5. 재정(Finance) : 저축 대신 우선주에 투자하여 배당에 관심을 두고 있음.

6. 신앙봉사공헌(Faith) : 아직 믿음은 없지만 나름 열심히 살고 있음.

나름의 철학을 가지고 살아가는 건전한 청년이라는 생각이 든다. 삶의 동기에 대해 펌프질을 했더니 감사하는 것 같았다. 다음에 만나면 서로 변화된 삶을 이야기하자고 약속하였다.

때로는 내 레퍼토리가 남에게 권유만 하는 건 아닌지 생각해본다. '자기도 못하면서!' 그래도 나를 돌아보는 계기이자 실행 동력이기도 하다. 어떻게 하면 생각한 것을 행동할 수 있는지를 정리해 보았다.

행하려면 생각해야 한다. 무엇을 해야 하는지 알아야 한다.
행하려면 자주 봐야 한다. 행동지침을 자주 봐야 추진력이 생긴다.
행하려면 언급해야 한다. 입으로 말하고 선포해야 한다.
행하려면 시작해야 한다. 생각했으면 바로 시작해야 한다.
행하려면 들이대야 한다. 어려움과 부딪혀야 한다. DID!
행하려면 변화해야 한다. 새 인간(새로운 습관, 인내, 간절함)이 되어야 한다.
행하려면 감사해야 한다. 기쁜 마음으로 해야 일이 잘된다.
행하려면 끝장 봐야 한다. 한 가지라도 끝내는 성공을 해야 한다.
흔적이 축적되면 기적이 일어납니다. 라는 말을 믿고 행동해야 한다.
복의 근원이 되어라. 라는 말을 믿고 행동해야 한다.

13.
평생 감사

오늘 아침 구족화가 이상열 화백의 '새해 소망'이란 시를 읽었다.
"새해에는 더도 말고 덜도 말고 손가락 하나만 움직이게 하소서."

평생 감사할 이유를 찾았다. 평생 감사 4행시이다.
평) 평안하게 아침 맞는 것에 감사합니다. 눈으로 볼 수 있으니까.
생) 생생하게 글을 쓰는 것에 감사합니다. 손으로 쓸 수 있으니까.
감) 감사하게 마음먹는 것에 감사합니다. 맘으로 먹을 수 있으니까.
사) 사소하게 표현하는 것에 감사합니다. 입으로 말할 수 있으니까.

감사 거리가 천지다. 찾아보면 한 5만 가지 이상이다.
오늘은 건강한 몸을 부지런히 움직여야 한다.

14.
열일하는 손을 위하여

몸의 일부 중 제일 고생하는 지체 중 하나가 열일하는 손이다.

손으로 알람을 눌러 깨어남을 알린다.

손으로 이불을 치워 몽롱함을 치운다.

손으로 물컵을 들어 입안속을 헹군다.

손으로 양팔을 들어 기지개를 켜댄다.

손으로 책을 넘겨 읽기를 시작한다.

손으로 컴을 켜고 자판을 두들긴다.

손으로 몸을 내려 푸샵을 시작한다.

손으로 글을 써내 작품을 완성한다.

손으로 식사하며 배속을 채운다.

손으로 양치하고 온몸을 씻는다.

손으로 인사하며 집안을 나선다.

손으로 태그하며 전철에 오른다.

손은 사람의 감정을 잘 표현한다. 손쓰기 나름이다.

엄지로 칭찬을 보이고

검지로 방향을 알리고

중지로 비난을 해대고
약지로 물약을 휘젓고
새끼로 약속을 드리고

거친 손 막으려 보습을
추운 손 데우는 장갑을
손을 펴 숫자를 셈하고
주먹 쥐 의지를 태우고

악수로 인사를 나누고
박수로 격려를 보내고
기도로 양손을 모은다.

"기도하는 손이 가장 깨끗한 손이요, 가장 위대한 손이요,
기도하는 자리가 가장 큰 자리요, 가장 높은 자리요."

_알브레히트 뒤러

오늘도 열일하는 손에게 박수를 보낸다. 오늘도 만나는 이에게 따뜻
하게 먼저 손을 내밀기를 바란다.

15.
책 내는 길이 내길

책 내는 길이 내길

과거의 짓눌린 기억을 풀어서 적어라.

현재의 생생한 생각을 늘려서 적어라.

미래의 찬란한 상상을 압축해 적어라.

지나간 일은 그냥저냥 의미있는 일이다.

지금의 일은 그런대로 재미있는 일이다.

다가올 일은 그럭저럭 감동있는 일이다.

일단은 저지르고

이번엔 내지르고

삼세번 도전하고

글쓴것 후회말고

책낸것 기뻐하라.

인생은 타이밍이야, 물 들어올 때 책 써야 해, 머뭇거리지 말고!

16.
주린이를 위하여

요즘 '주린이'가 유행이다. 처음엔 코로나로 굶주린 사람들이 많아서 그런 줄 알았다. 알고 보니 주식과 어린이를 합친 말로 '초보 주식 투자자'를 주린이라고 한다. 금리가 낮아지고 집값이 상승하고 있다. 저축만 해서는 목돈을 마련할 수 없으니 대안을 찾은 것이다.

<주린이를 위하여>

음식에 주린이
한쪽에서는 먹을 것이 없어 먹으려 몸 난리
한쪽에서는 많이 먹고 살을 빼느라 몸 난리
한쪽에서는 남은 음식 모아 버리려 몸 난리
한쪽에서는 버린 음식 퇴비 만들려 몸 난리
음식을 반쪽씩이라도 적게 먹는 주린이가 되어야 몸 난리가 없다.

주식에 주린이
주식을 좀싸게 사려고 마음 난리
주식을 비싸게 팔려고 마음 난리
주식이 떨어지면 더 떨어질까 마음 난리
주식이 올라가면 더 올라갈까 마음 난리

주식을 사고 회사의 성장을 기다리는 주린이가 되어야 마음 난리가
없다.

말씀 양식에 주린이
슬픔을 감싸는 위로의 말씀
기쁨을 올리는 감사의 말씀
영혼을 살리는 평안의 말씀
사랑을 행하는 은혜의 말씀
이런 말씀을 곱씹는 말씀에 주린이가 되어야 영혼이 산다.

음식에는 과식보다 소식이 낫고
주식에는 조급보다 완급이 낫고
말씀 양식에는 한 번 씹음보다 곱씹음이 낫다.
주린이를 위하여!

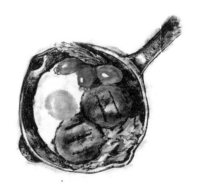

17.
블로거의 급수별 독한 생각

고수는

독서를 정답이라고 생각한다. 매일 독서하고 나서

한 문장으로 요약하여 암송하고 다닌다.

생활에 적용할 것을 지속하여 찾는다.

각오를 확언하고 매일 실천하려 노력한다.

중수는

독서를 해답이라고 생각한다. 가끔 독서하고 나서

한 문장으로 요약하여 기록한다.

생활에 적용할 것을 찾는다.

각오를 다짐하고 생각나면 실천하려 노력한다.

하수는

독서를 잠이라고 생각한다. 독서를 잠의 유용한 툴로 활용한다.

한 번 읽은 것에 만족한다.

생활과 독서를 분리하여 생각한다.

각오만 자주 반복한다.

18.
21세기 독거노인(독거努인)

2) 이리 하고픈일

1) 일단 시작하고

세) 세상 고독에도

기) 기력 충전하여

독) 독서는 기본, 독기는 적게, 독려는 함께

거) 거동은 청년, 거금은 조금, *거절은 달인

노) 노력은 괴력, 노안은 편안, 노후는 왕후

인) 인사는 근사, 인성은 인자, 인정은 긍정

미래의 9988234를 위해 달려가는

그대가 진정한 21세기 독거노인

* 거절은 달인 : 자신의 몸을 좋지 않게 하는 것들에 대한 거절(안 좋은 음식, 정크 푸드, 영상 오래 보기 등에 대한 거절).

19.
2021년 지금이 움직일 때다

2) 이루고 싶던 계획
0) 공부를 하고 싶어
2) 이때다 생각하나
1) 일단은 멈칫멈칫
년) 연도말 고민고민

지) 지금 시작못해 허허 헛웃음 나오누나.
금) 금방 시작해도 쭉쭉 진도가 걱정이다.
이) 이제 시작하니 슬슬 해마가 움직인다.

움) 움찔 움직여야 실실 웃음이 절로난다.
직) 직접 몸뚱아릴 살살 움직여 공부한다.
일) 일단 공부하니 술술 읽히기 시작한다.

때) 때는 지금이다 쭉쭉 진도가 나아간다.
다) 다시 시작하니 생생 해마가 해보란다.
2021년 지금이 움직일 때다.

20.
고압적인 자세

고) 고압의 기준이 2021년부터 바뀐다.

압) 압박을 하며

적) 적의적 행동

인) 인정이 없고

자) 자비가 없는

세) 세련미 없는 행동은 우리에게 도움이 되지 않는다.

고) 고래고래 하며

압) 압력행사 하며

적) 적절하지 않고

인) 인자하지 않고

자) 자상하지 않고

세) 세심하지 않은 행동은 올해부터 저 앞에다 내버려야 한다.

* 2021.1.부터 고압(교류)의 기준이 1,000V 초과에서 7,000V 이하로 바뀌었다(당초 고압은 600V 초과에서 7,000V 이하였다).

고압 기준이 1,000V로 높아졌으니 고압적인 자세는 내려놓아야 한다.

21.
도도한 자신만의 색깔, 도레미파솔라시도

자신만의 색깔을 찾으라고 한다.
무색무취의 삶에 길들여져 왔다.
삶의 전반전이든 후반전이든
자신만의 색깔이 무엇인지
도레미파솔라시도의 7계명을 찾아야 한다.

도) 도저히 해봐도 안되고
레) 내일이 보이지 않아도
미) 미천한 의지만 보여라
파) 파릇한 생각을 하고서
솔) 솔직히 자신에 물어라
라) 나만의 색깔을 찾아야
시) 시도할 용기가 보인다.
도) 도도히 시도할 때이다.

22.
같잖은 실력에도

같잖은 실력에도
각자의 영역에서
각인된 신념대로

갈길이 멀다해도
각고의 노력으로
가고자 하는길을
끝까지 가야한다.

시작하니 하수이다.
하다보니 중수이다.
지속하니 고수이다.

3장

자기 말로 정의하기
- 정의의 흔적

자기 말로 정의해야
남의 말에 휘둘리지 않는다.

01.
진정한 리더란 LEADER이다

'구관이 명관이다.'라는 말이 있다. 못난 상사가 떠나서 기뻐했더니 더 못난 상사가 왔다고 한다. 좋은 상사, 좋은 리더를 만나는 것은 축복이다. 어떤 이는 본인은 말단 직원이라 리더가 아니라고 한다.

그 말단 직원은 고객에게 물건을 사게끔 이끌거나, 물품 구매 시 잘 납품되도록 이끌어야 한다. 이끄는 자는 리더이다. 한 집의 가장도 리더이다. 혹시 맨 밑바닥이라고 생각하는 사람에게는 자기 몸을 이끄는 리더라고 생각해 보자.
무엇이 진정한 리더의 조건인가에 대하여 정리해 보았다.

Leading & Learning, 리더는 이끌며 배운다

상담학에서 상담자는 내담자가 왔을 때 첫 화두를 잘 꺼내는 것이 중요하다. 상담자는 내담자와 충분히 라포(친밀감, 신뢰 관계)를 형성한 다음 의도적으로 내담자에게 변화된 행동을 도출한다. 내담자의 상태에 보조를 맞추고(pacing), 내담자와 동질화하는 거울 반응하기(mirroring), 내담자와 일치시키기(matching)를 하면 이끌기(leading)가 유도된다. 내담자를 이끌려면 공감해야 한다.

리더는 전문 지식뿐만 아니라 직원의 마음도 공부해야 한다. 마음공부가 공감이다. 비전을 제시하고 이끌며 힘들 땐 뒤에서 밀어주어야 한다. Under breathing! 숨 멎기 바로 한숨 전까지 공부해야 하는 이유다.

Enhance & Endure, 리더는 향상심을 가지며 인내한다

리더는 어제보다 더 성장하는 향상심을 가진 자이다. 향상심은 배움으로 현재보다 더 나아지려고 하는 마음이다. 어려운 배움의 과정을 지나 고수가 되려 한다. 고수가 되려면 인내라는 단계를 통과해야 한다. 원석이 보석이 되는 연단 과정을 거치듯 견뎌내야 한다.

Alternative & Achieve, 리더는 대안을 제시하며 성취한다

리더는 어려운 상황에서 대안을 제시해야 한다. 문제 제기는 쉽지만 대안을 찾기는 쉽지 않다. 대안은 질문에서 출발한다. 그 대안이 현재까지의 최선이다. 리더는 성과를 내야 한다. 처음에 그럴듯하게 손뼉 치며 시작한 프로젝트가 흐지부지되는 경우가 있다. Plan-Do-Check-Act 단계를 거치면서 성과를 내기까지 지속적으로 관리해야 열매를 얻을 수 있다.

Dream & Design, 리더는 꿈꾸며 큰 그림을 그린다

누가 만들어 놓은 정해진 일을 하는 것은 쉽다. 리더는 자신의 꿈을 꾸며 큰 그림을 그린다. 3년, 5년, 10년일 수 있다. 진짜 어려운 꿈을 이루어야 해낸 거다. 그러려면 비전을 잘 세워야 한다.

Enjoy & Essence, 리더는 일을 즐기며 본질을 안다

미라이 공업 야마다 회장은 사원의 의욕과 회사의 차별화를 위하여 중요하게 생각하는 것이 있다. 그가 진정 원하는 것은 사장과 사원이 함께 '즐겁게 돈을 버는 것'이라고 말한다. 직장을 일하기 좋은 천국으로 만든 것은 기업의 본질을 알았기 때문이다. '항상 생각하라'라는 슬로건이 공장 내 10m 간격으로 붙어 있는 이유이다. 사원과 회사, 그리고 고객의 본질을 제대로 꿰뚫은 것이다.

Reliable & Raise, 리더는 신뢰감을 주며 사람을 키운다

강한 말투와 카리스마가 판치던 시대가 있었다. 요즘은 '갑질'이라는 단어로 통한다. 리더는 신뢰를 주어야 한다. 일구이언과 설명 없는 말 바꾸기는 신뢰 관계의 적이다. 부하에게 위임할 일이 있으면 과감하게 위임해야 한다. 시시콜콜 따지고 묻고 글자 수정에 매몰되면 안 된다. 그리고 결과에 따라 상벌을 따지면 된다. 리더는 성과가 좋지 않았을 때 책임을 질 수 있어야 한다. 쉽지 않은 일이다.

리더의 조건을 추신(Postscript)하면 PS이다. Pray와 Service mind이다

1. Pray(기도)

리더는 기도하는 자이다. 문제가 생기기 전이나 후나 먼저 기도해야 한다. 경영을 어떻게 해야 할지를 계속 물어야 한다. 해답을 찾는 과정이 기도이다. 리더는 "구하라, 그리하면 너희에게 주실 것이요. 찾으라, 그리하면 찾아낼 것이요. 문을 두드리라, 그리하면 너희에게 열릴 것이니."라는 말을 아는 자이다.

2. Service mind(서비스 마인드)

스티브 지볼트의 부자의 생각 중 하나가 서비스 마인드이다. 서번트 리더십이라고도 말한다. 부자는 아침에 일어나면 오늘은 어떤 서비스를 주어 고객을 기쁘게 할까 생각한다. 그 서비스 제공이 내가 성과를 내며 살아가는 목표이다.

좋은 말로 정리한 진정한 리더의 길은 멀고도 험하다. 어려운 걸 해내는 것이 진짜 해내는 거다.

02.
순진한 글쓰기의 원칙

글을 잘 쓰려면 글 쓰는 대상의 문제를 해결할 수 있는 개념 있는 한 문장을 제시해야 한다.

순진한 글쓰기는 개념 있는 한 문장을 남기는 것이다.
Innocent writing is leaving a conceptual sentence.
Target Problem Solution is a Conceptual Sentence!
TPS CS로 요약할 수 있다.

글쓰기의 첫 번째 원칙은 글 쓰는 대상을 정하고 옆자리에 앉혀 놓는 것이다. 매일 조금이라도 글을 쓰기 시작했다면 글쓰기의 걸음마를 떼기 시작한 것이다. 그동안 부지런히 쓴 내 글을 보니 글 쓰는 대상이 명확하지 않았다. '앉아라, 써라!'라는 구호로 새벽을 헤쳐 가며 써 왔다. 대상을 옆에 앉혀 놓고 이야기하는 것처럼 쓰라는데 쉽지 않다. 이제는 앉아서 쓰는 자세가 정립되었다면 대상에게 차 한 잔을 대접하며 이야기를 풀어 보자. 글 쓰는 대상을 명확히 하고 써 보자. 넓은 마음을 가진 이웃들이 의자에 떡하니 앉아서 들으니 감사하다.

두 번째는 글 쓰는 대상의 문제점에 집중해야 한다. 글 쓰는 대상의 등이 가려운데 엉뚱한 곳을 긁으려고 한다. 1분은 들어주는데 뭔 소리냐고 하면서 일어나려고 한다. 대상이 듣고 싶어 하는 문제의 본질을 잡아야 한다. 문제의 본질을 건드리는 한 단어를 들으면 대상이 쫑긋 귀를 세운다. 대상이 편하게 차 한 잔을 마신다. 대상이 관심 있어 하는 문제점에 집중해야 한다.

세 번째는 글 쓰는 대상의 문제를 해결하는 한 문장을 제시해야 한다. 방법이 없다면 힌트라도 조언해야 한다. 해결책이 바로 나오지 않다 보니 도떼기시장 상인처럼 이것저것 꺼내 놓는다. 세 가지 정도의 해결책이면 좋을 듯하다. 그중에 해결책이 들어간 개념 있고 강한 인상을 줄 수 있는 한 문장을 건져내야 한다. 그래야 앉아서 차를 한잔 마시고 있는 대상이 건져갈 것이 있지 않은가? 그 한 문장을 만드는 것은 고행의 길이다. 고행의 한 문장은 그간 읽은 책의 내용과 대상의 문제가 만나는 접점이다. 접점의 찰나에서 해결책의 실마리를 찾을 수 있다. 어느 정도 강한 인상을 줄 것 같은 문장을 정한다. 그걸로 밀고 나간다. 혹시 그 문장이 명언으로 기억될 것이라는 엉뚱한 상상을 해 보자.

글쓰기가 보통 어려운 게 아니다. 미국 『톰소여의 모험』의 저자 마크 트웨인도 한 에세이에서 글쓰기의 어려움을 말한다. 아침에 사무실에서 차 한잔을 마시며 흰 종이 위에 철자 T를 쓰고, 점심 먹고 h, 저녁 먹고 e를 썼다고 한다. 하루 종일 정관사 'The'만 쓴 것이다. 더 쓰지 못하고 하루를 그렇게 보냈다. 그래도 결국 글쓰기를 지속하며 여러 대작을 남겼다.

옆자리에서 차 한잔하며 내 말을 듣고 있는 대상에게 좋은 문장 선물을 해야 한다. "개념 있는 한 문장을 남기자!"

순진한 글쓰기는 글 쓰는 대상을 명확히 하고, 그의 문제를 해결할 수 있는 한 문장을 제시해야 한다. 그 문장을 압축하는 단어가 글의 주제이다. 개념 있는 한 문장을 남기기 위해 오늘도 순진한 글쓰기는 계속된다.

03.
청년은 YOUNG MAN이다

중년 아저씨가 "당신은 청년 같아."라는 말을 듣는다면 크게 놀랄 것인가?

우리나라에서 청년이라는 단어는 1898년 '청년 애국회' 사건 이후 사람들의 입에 오르내리기 시작했다. 독립 운동가 월남 이상재는 처음 '청년'이란 말을 들었을 때 크게 놀랐다. 월남 이상재에게는 새 말이요, 새 개념이었다. 요즘은 청년이라는 말이 흔해 크게 놀라지 않는다. 중년 아저씨는 이렇게 대답할 것이다. "마음만은 청춘이야."

청년기본법 제3조에 따르면 청년은 19세 이상 34세 이하인 사람을 말한다. 청년(靑年)의 뜻은 '푸른 해'지만 요즘 청년은 그렇지 않은 듯하다. 'N포세대'라는 말로 불리는 청년들은 지금 아픈 과정을 지나고 있는지도 모른다. 재수 없으면 100세까지 살아야 한다는 말도 들린다. 어떤 정신이 청년 정신인가?

YOUNG MAN의 첫 글자를 이용해 청년(young man)을 표현해 보았다.

Yield(양보하다)

지하철 전동차 안에 청년을 위한 자리는 만들어지지 않는다. 건강한 몸이 있어 1시간도 거뜬히 서서 갈 수 있다. 간혹 자리가 있어도 자리를 양보한다.

Open mind(열린 마음)

확실히 정해진 미래가 없으니 모든 해볼 수 있는 것을 두드려 본다. 작은 가능성이라도 있으면 달려든다. 확실한 직장을 잡기 전까지는 아르바이트 몇 개는 기본이다. 일자리가 줄어드니 나이가 들어도 젊어져야 하는 것은 왜일까? 어려워도 마음을 열어야 한다.

Underdog(언더독)

스포츠에서 우승이나 이길 확률이 적은 팀이나 선수를 일컫는 말이 언더독이다. 젊은이는 언제나 언더독이다. 개싸움에서 깔린 개(underdog)처럼 삶에서도 깔린 것처럼 보이지만 top dog가 되려고 한다. 언제나 청춘은 underdog이다. 그래야 도전한다.

Now(지금)

미래에 대한 큰 그림이 보이지 않는다. '지금 하지 않으면 언제 하겠는가.'라는 마음으로 지금을 소중히 한다. 영혼까지 끌어모아 도전한다. 지금에 충실한 자가 청년이다.

Grow(성장)

매일매일 성장해야 한다. 일신우일신. 어제보다 나은 나를 만들어야 한다. 한 걸음 한 걸음, 한 문장 한 문장 짧게라도 써야 한다.

My way(나의 길)

공무원이 대세다. 그러나 좁은 관문으로 들어가기 쉽지 않다. 코로나 시대에 헤치고 들어갈 자리가 적다. 그러니 길을 만들어야 한다. 자신의 길을 만들어야 한다.

All in(다 걸기)

남는 건 시간뿐이다. 주어진 24시간 중 집중 작업 시간 3시간을 만들어야 한다. 고수가 되는 길은 험하다.

No age(청년은 나이의 한계가 없다)

청년의 나이는 19세에서 34세까지라고 한다. 하지만 법적인 나이는 잊어버려라. 나이 들어도 청년이다. 65세 노인도 노인이 아닌 청년의 시작이다. 코로나 이후의 청년은 가지 않은 길을 개척하는 모험의 삶을 살아가는 자이다.

04.
수고함이 행복이다

수우신피(首愚身疲), '머리가 나쁘면 손발이 고생한다.'라는 말이 있다. 머리가 나쁘니 몸으로 때운다는 부정적인 표현이다. 조금만 생각하면 쉽게 풀리는 일을 어렵게 해서 그렇다.

반대말은 무엇일까? 신동수현(身動首賢), 몸을 움직이니 머리가 지혜로워진다는 뜻으로 만들어 보았다. 가수 이름 신동과 수현이 연상된다. 몸을 부지런히 움직여야 머리가 잘 돌아간다. 건강한 육체에 건강한 정신이 깃들기 때문이다.

앉으면 눕고 싶고 누우면 자고 싶은 게 사람의 마음이다. 앉아서 글을 쓰다가 잠시 휴식한다고 벽에 몸을 기댄다. 기대니 눕고 싶다. 누워서 묵상한다고 하니 자고 싶다. 잠시 눈을 붙이고 일어나 물 한 컵 먹고 다시 앉는다.

오랜만에 글쓰기 오프라인 모임에 참석했다. 모두 다섯 명이 모여 '행복은 어디에 있나요?'라는 내용으로 이야기를 나눴다. 저마다의 행복에 대한 생각이 있다. 나는 행복에 대하여 인정, 깨달음, 이루어냄(성공)으로 표현하였다.

인정

누군가로부터 칭찬을 받으며 일을 하는 사람은 행복한 사람이다. 한화 송창식 선수는 1,088일 만에 선발승을 하게 되는데 그 당시 감독은 김성근 감독이었다. 다른 사람들은 김성근 감독을 두고 선수를 혹사시키는 감독이라 생각했다. 송창식 선수는 자신을 믿고 기용해 준 감독이라고 말한다. 감독에게 인정받은 것이다. 몸이 힘들고 고생하더라도 야구하는 게 행복했던 시절이었다고 한다.

깨달음

블로그를 쓰면서 생각이 정리됨을 느낀다. 예를 들면 "부자는 누구인가요?"라는 질문에 어떻게 답할 것인가? 나의 부자에 대한 이론적인 생각은 2S, 2R, 3T(스티브 지볼트의 부자 생각)라고 정리했다. 이것을 잘 정리하여 깨달아 말할 수 있는 것이 행복이다. 실천적인 부분을 차치하더라도 부자의 마음을 알고 살아가기 때문이다. 시간 관리를 잘하는 것이 부자의 마음 중 하나이다. 그 외 여러 가지 주제를 하나씩 정리하고 바로 표현할 수 있는 것이 행복이다. 세상의 이치를 하나하나 알아가고 실천하는 과정이 삶이다.

이루어냄

미라클 모닝을 계속 하고 있다. 중간중간 미흡한 글쓰기도 있지만 포기하지 않고 진행하고 있다. 언제 끝날지는 모른다. 작심삼일, 잠언 30일의 작은 성공, 그리고 66일 습관의 완성이 작은 행복이다. 소소한 이루어냄(성공)이 행복이다.

행복은 누군가의 수고로부터 시작된다. 모든 모임은 모임장의 수고로부터 시작된다. 누군가 수고하지 않으면 만들어지지 않는다. 본 만큼 행동한다. 깨달은 자가 먼저 행동한다. 어제 모임을 이끌어 준 모임장에게 박수를 보낸다. 어제 만남의 작은 수고들이 모여 큰 성과가 될 것 같다. 글쓰기 모임의 충실한 회원으로서 인정받고, 서로 글쓰기를 통해서 깨닫고 깨달은 것을 통해 자신의 목표를 이루어내는 것이 행복이다.

머리가 나쁘면 손발이 고생한다는 표현이 그리 좋아 보이지 않는다. 생각이 단순해야 손발이 쉽게 움직인다. 그 손발의 움직임이 다시 머리를 쓰게 한다. 모임에서 만난 2명의 저자, 3명의 예비 저자들은 행복의 길을 걸을 것이다. 거기에 기꺼이 수고하겠다는 마음으로….

머리가 나쁘면 손발이 고생하는 것이 아닌 손발을 움직여야 머리가 현명해진다. 손발을 움직여 수고하는 것을 걱정하지 말자.

05.
위대한 골키퍼의 조건

축구할 때 골키퍼를 안 하는 것인가? 못하는 것인가? 축구에서 페널티 킥을 준비하는 골키퍼의 스트레스는 엄청나다. 한 골로 승패를 결정 짓는 때라면 더욱더 심하다. 골키퍼는 키커가 공을 찰 때 발 모양을 보고 예측해서 움직인다. 골대 구석으로 세게 찬 공은 막을 수 없다. 간혹 키커가 찬 공이 골대 밖으로 나가면 은혜이며 횡재이다. 가만히 있어도 영웅이 된다.

1976년 UEFA 유로 대회 결승전 승부차기 이야기다. 서독이 4:3으로 지고 있는 상황에서 체코의 마지막 키커가 슛을 한다. 키커가 찬 공은 골대 정면으로 느리게 날아온다. 이미 왼쪽으로 몸을 움직인 골키퍼는 멍하니 바라보고 있었다.

이 킥이 그 유명한 '파넨카 킥'이다. 체코의 마지막 키커 안토니오 파넨카는 서독의 명수문장 제프 마이어와의 심리전에서 승리하였다. 허를 찌르는 킥을 성공시킨 체코는 서독을 누르고 유로 대회 우승을 거머쥐며 체코의 영웅이 된다.

일반인이 볼 때 파넨카 킥은 골대 정면으로 느리게 찬 실수 같은 슛이다. 그 슛이 '파넨카 킥'이라는 말로 아직까지 회자되고 있다. 그것이 실수이든 아니든 좋은 결과를 통해 좋게 포장할 수 있는 사례이다. 만약 골을 못 넣었으면 국민의 역적이 되었을 것이다. 이때 파넨카의 희생양이라고 할 수 있는 골키퍼는 당대 서독을 대표하던 제프 마이어이다. 제프 마이어는 위대한 골키퍼의 조건을 다음과 같이 말한다.

'천부적인 위치 선정 능력, 카리스마, 열정적인 통찰력, 체격 조건'

출처 : 정윤수, 「페널티킥을 맞이한 골키퍼의 불안」, 『축구대백과』 2013.

골키퍼의 심리상태가 우리의 삶 같다는 생각에 위대한 골키퍼의 조건 (PPPABC)을 정리해 보았다.

Position(위치 선정)

골키퍼는 언제 어디서 공이 날라올지 항상 경계해야 한다. 골키퍼도 골을 넣는 시대이다. 페널티 라인 전후, 골대 좌우를 오가면서 위치를 잘 잡아야 한다. 직장에서나 어디서나 자기에 맞는 부서, 자리를 선택하는 것이 중요하다.

Posture(자세)

공을 막아내기 위한 기본자세는 움츠린 자세이다. 공에 신속히 반응하여 다이빙해야 한다. 볼 트래핑하는 것도 자세가 중요하다. 자세가 반이라는 말이 있다. 우리도 늘 준비된 자세가 필요하다.

Physique(체격)

골키퍼의 절대 조건은 체격이다. 키도 커야 하고 몸도 유연해야 한다.

새벽에 쓰는 흔적의 축적

골키퍼는 아무나 되는 것이 아니다. 일반인의 경우는 건강 관리에 해당한다. 건강해야 일을 할 수 있고 다른 이를 돌볼 수 있다.

Agility(민첩성)

강한 슛을 막아 내기 위해서는 신체 반응이 빨라야 한다. 골대 구석으로 향하는 공은 막기 어렵지만, 골키퍼 근처로 오는 공은 잡거나 멀리 쳐 낼 수 있어야 한다. 우리도 일을 빠릿빠릿하게 하는 순발력이 필요하다.

Ball trapping(볼 트래핑)

골키퍼는 공은 막아 내는 것뿐만 아니라 공을 가지고 놀 정도의 트래핑 능력은 기본이다. 우리 일도 마찬가지다. 기본에 충실하자.

Charisma(카리스마)

선수들을 지시하여 따르게 하는 능력이나 자질을 카리스마라고 한다. 골키퍼는 골문을 지키는 능력뿐만 아니라 수비 위치 조정, 공격 루트 선정, 킥력 등의 능력을 가져야 한다. 그래야 게임을 이끌어 갈 수 있다. 요즘은 큰 소리를 내는 카리스마가 아닌 조용조용하면서도 필요할 때 강하고 부드러운 카리스마 리더십이 더 유용하다. (중략). 카리스마 있는 자는 잘못한 것은 반성하되 결과는 두려워하지 않는다.

옛날에 축구할 때 서로 기피하는 자리가 골키퍼였다. 골키퍼의 조건을 알고 보니 아무나 되는 것이 아니다. 골키퍼는 Goal Keeper이다. 우리도 골키퍼이어야 한다. 우리의 목표(goal)를 잘 지켜야 하기 때문이다. 항상 준비된 자세(Posture)로 임해야 한다. 목표는 되든 안 되든 그 자리(Position)를 지켜 내야 하는 것이다.

06.
평안의 점수(PTS)

'안녕하세요?' 또는 '평안하세요?'라는 말의 의미를 곱씹어야 하는 때이다. 코로나가 세상을 바꾸고 흔들어 놓는다. 평안을 생각할 겨를이 적다. 깊은 대화가 어려우니 인사말이라도 건네고 확인해야 한다. 하는 일이 잘 되는지 물어보기 어려울 때도 있다. "안녕하세요?"라는 말을 건넸을 때의 즉흥적인 답변이 실제 상황일 수 있다. "죽지 못해 삽니다."라고 말한다면 상태가 심각한 거다.

평안(平安, Peace)은 걱정이나 탈이 없이 잘 지내고 있는 상태다. 일이 형통하게 잘 풀리면 마음이 평안해진다. 형통하지 않더라고 평안함을 유지하는 것이 삶의 실력이다. 비범한 사람이나 가능할 것 같다.

폴 윌슨의 『평온함에 관한 작은 책』 'The little book of calm'에 나오는 내용을 살펴보자.

> 1. 기준선을 낮춰라
> 2. 약간의 시간을 낭비하라
> 3. 어떤 일이든 전환점에서는 휴식을 가져라.
> 4. 사소한 문제에 신경 쓰지 마라.

한마디로 말하면 과거의 부정적인 기억은 잊어버리고, 현재 주어진 일을 중요하게 생각하고 땀 흘리며 기쁨을 찾으라는 것이다. 평안함을 가지는 방법을 점수(PTS)와 관련지어 정리해 보았다(2PTS).

기도하고 아뢰자(Pray)

아무것도 염려하지 말고 다만 모든 일에 기도와 간구로 너희 구할 것을 감사함으로 하나님께 아뢰라. 그리하면 모든 지각에 뛰어난 하나님의 평강이 그리스도 예수 안에서 너희 마음과 생각을 지키시리라(빌 4:6~7).

내려놓고 거듭나자(Put down)

손에 잡고 있는 욕심과 등에 짊어지고 있는 짐을 내려놓아야 한다. 내려놓으려면 내 안의 자아가 죽고 거듭나야 한다. 그리스도가 내 안에 거해야 한다.

항상 감사하자(Thanks)

범사에 감사하면 불안이 파고들 자리가 없다. 오늘도 글 쓰는 것에 감사하다.

끈기를 갖자(Tenacity)

평안의 적은 조바심이다. 조금 실천하고 입으로 열매가 떨어지기를 기대한다. 받은 줄 알고 기다리는 끈기가 평안이다.

평안을 주자(Shalom)

어느 집에 들어가든지 평안을 위해 기도해야 한다. 축복의 말을 하자.

노래하고 암송하자(Sing & recite)

"노래하라. 아무도 듣고 있지 않은 것처럼." 알프레드 디 수자의 시 구절이 생각난다. 명언이나 좋은 말씀을 노래하고 암송하자.

평안을 생각해 보니 삶의 고차원과 신앙을 생각하게 된다. 아침마다 글을 끄적이는 것이 행복이고 평안이다. 이 평안을 가지고 나가 세상의 평안을 만드는 게 실력이다. 오늘 내 평안의 점수(PTS)는 몇 점인가?

07.
선한 영향력을 끼치는 자는
훌륭한 지각을 가진 자다.

선한 영향력이 아닌 '선한 영향력'이라는 단어를 알게 되었다. 가수 션이 대중에게 미치는 힘이다.

훌륭한 지각을 가진 자는 선한 영향력을 끼칠 수 있다. 훌륭한 지각을 가진 자가 모두 그런 것은 아니다. 하지만 선한 영향력을 끼친 자는 훌륭한 지각을 가진 자이다.

지각(知覺)이란 알아서 깨달음, 또는 그런 능력이다. 영어로는 Perception, 확대하면 Understanding, Insight까지 사용할 수 있다. 어떤 사물을 보고 알아내어 깨닫는 능력이다.

지각의 종류에는 오감이라고 불리는 시각, 청각, 후각, 미각, 촉각이 있다. 이 외에 내장, 평형, 운동 지각, 공간 지각 등이 있다. 사람은 활동을 하면서 오감과 각종 지각 능력을 사용한다.

가수 션을 보면서 훌륭한 지각(Perception)의 관점으로 생각해 보았다. 션은 1972년생으로 1994년 서태지와 아이들 2집 댄서로 데뷔 후 래퍼 가수로 활동하며 27년 차 연예계 생활을 하고 있다. 한 분야에서 살아남는 것도 힘든데 영향력이 대단하다.

훌륭한 지각을 가진 자는 이러한 자이다.

(Value) 가치를 아는 자는 훌륭한 지각을 가지고 있다

선과 정혜영 부부는 결혼 15년 동안(2019년 기준) 단 한 번도 싸운 적이 없다고 한다. 선은 서로 설득하기 위해 싸움이 나니 아내가 자기 생각을 들어줄 때까지 기다린다고 한다. 기다려도 의견이 다르면 아내가 옳다고 말한다. 아내가 더 귀중하기 때문이라고 한다.

귀중한 가치를 알아내는 것은 긍정적인 생각이나 우리의 오감과 경험으로 얻어낸 결과이다. 우리가 사람(아내)과 싸우는 이유는 사람(아내)의 가치를 낮게 보기 때문이라는 선의 메시지다.

그가 말하는 결혼은 '보석과 보석이 아닌 원석과 원석이 만나 보석이 되어가는 과정'이다. 덧붙여 '천사와 나무꾼과의 만남!' 어디서 이런 생각을 했을까? 올해 17년 차 부부이니 검증이 되었다고 볼 수 있다. 더 두고 봐야 한다면 기다려보자!

(Attraction) 매력을 유지하는 자는 훌륭한 지각을 가지고 있다

선은 아내에게 자신의 매력을 보여주기 위해 애쓴다. 매일 4시 반 기상하여 달리기, 자전거 타기, 근력 운동을 한다. 달리기와 마라톤을 하면 근육량이 줄어드는 것을 알고 있기에 근육 운동을 더 한다고 한다. 결혼기념일이 되면 봉사 활동을 하고 기념사진을 남긴다. 참 재미있게 산다. 선이 남자들의 공공의 적이라고 하는 이유가 여기에 있다. 여태까지 잘 몰랐으니 다행이다. 몸을 움직이는 것은 지각 활동을 왕성하게 하는 것이다.

(Sharing) 나누는 자는 훌륭한 지각을 가지고 있다

션은 자기의 영향력으로 현재까지 기부를 많이 했다고 한다. 좋은 이미지를 가지고 있으니 때마다 불러준다. 불러주면 좋은 이미지로 새로운 일이 생긴다. 이런 삶을 살 수 있을까? 장기려 박사의 명문장이 생각난다. "내가 이렇게 이웃을 돕고 있으면 내 부모님과 내 처자식도 누군가의 도움을 받아 살아낼 수 있을 것이다."

자신의 소중한 것을 나눌 수 있는 자가 훌륭한 지각을 가진 자이다.

08.
POSSIBLE은 가능하다

한 해를 돌이켜 보면 이루어 낸 일도 있고 내년으로 넘길 일도 있다. 새해가 다가오면 여느 때와 다름없이 새로운 계획을 세우며, 새로운 마음을 가진다. 그러면서 올해 세운 계획이 불가능한 계획이었나 다시 생각해 본다.

내년 계획을 세울 때 목표 달성이 가능한지 POSSIBLE로 정리해 보았다. 지금 목표를 세우고 있다면 다음 질문에 답하며 실행 가능 여부를 체크해 보자.

1. Priority(우선순위) : 최우선 순위의 일인가? 차선책은? Plan A 또는 Plan B.

2. Originality(독창성) : 남다른 독창성을 나타낼 수 있는가? 2% 차별화.

3. Supreme(최고의) : 최고의 능력을 발휘할 분야인가? 내가 해 왔던 분야.

4. Sustainable(지속 가능) : 지속 가능한가? 확장성이 있어야 한다.

5. Incentive(보상) : 목표를 완수했을 때의 보상은? 마음으로 받는 보상도 보상이다.

6. Blocking(방해) : 방해 요소를 제거할 수 있는가? 가지치기가 필요하다.

7. Lifelong(평생) : 평생 도움이 되는 일인가? 평생 운동, 악기, 취미….

8. Enjoyable(즐김) : 즐길 수 있는가? 재미와 의미와 감동까지….

당신이 할 수 있거나 할 수 있다고 꿈꾸는 그 모든 일을 시작하라.

새로운 일을 시작하는 용기 속에 천재성과 능력, 그리고 기적이 모두 숨어 있다.

_요한 볼프강 괴테

마음속에는 하고 싶은 일이 많이 있다. 생각을 많이 안 해서 그렇다. 새로운 노트에 새해 할 일을 적어보자. POSSIBLE로 반추해 가며 가능성을 타진해 보자. 그리고 우선순위대로 나열해 보자. 우선순위대로 적어보고 옆에 다음과 같이 적어보자. 'It's POSSIBLE!'

09.
여전한(Still) 공시생의 미래

'여전히'라는 단어의 사용 예시를 살펴보았다.

"○○님은 여전히 미라클 모닝에 열심이야!"

외국 권투 시합에서 챔피언이 승리할 때 심판은 "Still champion of the world!"라고 말한다.

제목에 '여전히'라는 단어가 들어간 노래로는 김연우의 '여전히 아름다운지'가 생각이 난다.

> … 변한 건 없니. 날 웃게 했던 예전 그 말투도 여전히 그대로니.
> 난 달라졌어. 예전만큼 웃질 않고 좀 야위었어. 널 만날 때보다. …

당신에게 '여전히'로 질문해 본다.

1. 누군가를 웃게 한 예전 그 말투는 여전히 보유 중인가?
2. 예전만큼 여전히 많이 웃고 있는가? 웃기고 있는가?
3. 좀 야위었는가? 여전히 뱃살만 남아 있는가?

살아갈 날 동안 여전히 역전 인생만을 생각하는 우리에게 힘을 주는 좋은 문장이 있다. 이강호 '그런포스 코리아' 회장의 강연 〈글로벌 시대, 어떻게 살 것인가?〉를 보고 기록한 내용이다. 이탈리아 베니스의 구겐

하임 미술관 벽에 붙어 있는 내용이기도 하다.

Changing Place (장소와 **공간**을 바꿔라)
Changing Time (**시**간을 바꿔라)
Changing Thoughts (**생각**과 지식을 바꿔라)
Changing Futures (**미래**가 바뀔 것이다)

암기는 공/시/생 미래로 외워서 각인하면 유용할 것이다.

『여전한 인생 vs 역전한 인생』의 저자이자 지금은 노무법인 더 휴먼의 회장이신 구건서 노무사의 이야기를 읽었다. 어려운 형편에 가출하면서 어느 아주머니의 가방을 훔쳐 소년원까지 가게 되었다고 한다. 소년원 출신, 중퇴 학력으로 공사 현장에서 노동과 노점상, 택시 운전기사를 하게 되었지만, 택시를 몰면서 3년 동안 독학하여 1989년 제2회 공인노무사에 합격하여 역전의 인생을 걷게 된다.

모든 드라마에는 주인공이 승승장구하는 제도가 생긴다. 그 당시 공인노무사 제도가 처음 만들어진 것이다. 검정고시를 거치고 2018년에는 고려대학원 박사학위를 받게 되었다. 드라마와 같은 역전의 인생이다. 공인노무사 제도의 탄생이라는 운도 따랐지만 피나는 노력이 있었다.

여전히 살아가는 우리는 경쟁해야 한다. 금수저 이상은 Still champion으로서 수성을 원할 것이고, 흙수저 이하에서는 도전자로서 역전의 기회를 노릴 것이다.

여전히 역전을 노릴 기회를 가지고 싶다면 공시생의 미래를 생각해 보자. 책상 위치도 바꿔보고, 미라클 모닝도 해 보고, 필사적으로 필사도 해 보고, 좋은 문장을 외워도 보고!!!

10.
낮은 자의 생활(일은 원칙, 생활은 소탈)

소아마비 친구를 업어줄 수 있는가? 시간이 없어서 못 할 것 같아요.

강(姜)군의 고등학교 2학년 때 이야기다. 하굣길 버스에서 내린 강 군은 고3인 최(崔) 군의 등에 업힌다. 소아마비를 겪고 있는 강 군은 양 손에 가방을 들었고 최 군은 강 군을 업었다. 등에 업힌 강 군이 속이 좋지 않아 갑자기 최 군의 등에 실례를 범한다. 그날 처음으로 강 군은 실례에 대한 창피함보다 지체 부자유에 대한 아픔을 눈물로 표현하였다.

그날 밤 두 친구는 강 군의 집에서 밤새워 인간의 육체와 정신을 이야기했다. 그것을 극복하는 것은 서로를 믿는 것 이외의 다른 방법이 없다는 걸 깨달았다.

고등학교를 졸업한 후 둘은 서울법대에 진학한다. 잠시 떨어졌던 생활에서 최 군은 대학교 기숙사에서 기다리는 강 군을 볼 때마다 '사랑'이라는 뭉클한 마음을 느꼈다. 그때마다 강 군은 로마서에 나오는 구절을 외웠다. 친구에 대한 빚진 마음이었을까?

헬라인이나 야만인이나 지혜 있는 자나 어리석은 자에게 다 내가 빚진 자라(로마서 1:14).

이런 마음을 가진 두 친구는 한 명은 변호사가 되었고, 한 명은 감사원장이 되었다. 강 군은 강명훈 변호사이고, 최 군은 최재형 감사원장이다.

낮은 자는 누구인가?(사원소로 표현해본다)

1. 사명을 아는 자

지체가 부자유한 친구에게서 밝은 면을 보고 친구의 지팡이가 되겠다고 다짐한다. 깨달은 바를 실천하는 것이 사명이다. 그 친구도 빚진 자임을 알고 있다.

2. 원칙주의자

힘을 가진 자에게 휘둘림 없이 원칙을 중시하며 남의 말을 경청하고 치우침 없는 중용을 추구한다.

"저를 살펴주십시오(Here I stand, help me God.)." 마르틴 루터가 종교 개혁을 하면서 진리를 아니라고 말할 수 없다는 고백이다.

3. 소탈한 생활

줄 서서 선물을 기다리는 아이들이 있다. 이때 선물이 다 떨어졌다고 해도 아이들을 그냥 보내지 않는다. 서운해하는 아이들에게 바람개비라도 만들어 주는 마음이다.

최 군의 부친(최영섭)이 아들에게 써 준 사자성어를 소개한다.

단기출진(單騎出陣) 홀로 진지를 박차고 나가면,
불면고전(不免苦戰) 고전을 면치 못하는 상황이 올 수도 있다.

천우신조(天佑神助) 그럴 때 하늘(하나님)에 도움을 구하면,

탕정구국(蕩定救國) 나라를 안정시키고 구할 수 있다.

최재형 감사원장은 강명훈 친구를 다음과 같이 표현한다. 마음이 서로 통하는 벗, 지음(知音)이다.

"명훈이는 다른 사람들이 자기를 보는 눈을 어색하지 않게 받아들일 줄 아는 아량이 있을 뿐 아니라 지체가 자유스러운 사람보다 훨씬 넓은, 사랑할 줄 아는 마음이 있으니까요."

참고 기사 : 최우석, 조성호 기자, "[심층탐구] '인간 최재형 감사원장', 그 삶의 궤적", 「월간조선」

11.
생명이 있는 새 인간으로 살아가기

며칠 전 건강 검진을 받았다. 1년에 딱 한 번 하는 비수면 위내시경 검사는 여전히 거북했다. 그래도 병원의 권유에 따라야 한다. 병원에서는 어린 양처럼 고분고분해진다.

위내시경은 사람을 거북하게 한다. "제산제를 드시고요, 이건 마취제인데 입에 두었다가 시간 되면 드세요. 머리를 뒤로 확실하게 제쳐야 목에 마취가 됩니다." 친절한 간호사의 안내와 함께 잠시 후 입장한다.

내 몸속으로 검은 케이블이 거북이처럼 들어와서 위 속에 자리 잡는다. 토끼처럼 빨리 끝냈으면 하는데 영상을 찍어야 하니 시간이 길어진다. 배려의 한마디가 들린다. "좀만 참으면 괜찮아요." 가만히 듣고 있다가 목에 걸리는 저항을 최소화하는 나만의 필살기가 작동한다. '엄지와 검지를 서로 누르기와 숨 참기'. 2~3분 동안 숨을 쉬지 않고 버티는 능력이 있으면 좋을 것 같았다. 어린 양처럼 일어난다. 끝나고 나니 의료진의 칭찬이 들린다. "잘 참으셨고 수고하셨어요." 참 친절하다.

개인적으로 위장조영술보다는 내시경이 낫다. "살아 있는 생명체로서 반드시 거쳐야 하는 과정으로 감사하다."

몇 년 전 주말 응급실에서 우연치 않게 모르는 사람의 임종을 지켜보았다. 레지던트의 다급한 목소리에 모든 의사들이 달려왔다. 전기 심장

충격기로 마지막까지 살리려는 노력을 했다. 결국 장비의 삐~ 소리와 함께 한 생명이 사라져 갔다. "○○환자분 소천하셨습니다."라는 말과 함께 의사들은 다른 곳으로 달려갔다. 애도하는 모습은 없었다. 의사들은 바삐 자기 일로 돌아간다.

'내가 왜 이런 걸 보게 됐을까'라는 생각을 했다. 하필 그 많은 시간 중에 그 장면을! 생명의 소중함을 알고 잘 살아가라는 메시지였다.

건강 관리를 해야지 하면서도 태풍에, 더위에 이런저런 핑계로 잠시 묻어 둔다. 매일 푸시업이라도 해야겠다. 의사들은 될 수 있으면 안 보는 게 상책이다.

새 인간으로 살아간다는 의미로 새 인간을 정의해 보았다. 새 인간은 새로운 습관(nEw habit), 인내(Endurance), 간절함(Earnest)이다.

'사람이 살아 있다고 사람인가, 사람다워야 사람이지.'라는 말이 생각난다. 우리는 잊을만하면 변화를 통해 새롭게 태어나길 원한다. 때로는 어떤 환경 변화의 계기가 생긴다. 그런데 지속기간에 문제가 생긴다. 좀 더 강력한 경험이 아니면 반응하지 않는다. 임종을 바라보면 삶을 대하는 자세가 달라진다. 새로운 인간이 되는 조건을 생각해 보았다. 새로운 습관이 있어야 하고, 그 좋은 습관을 인내해야 하고, 간절히 원해야 한다. 새 인간으로 거듭나야 살아 있는 것이 아닐까?

우리들은 항상 생명이 짧음을 한탄하면서, 마치 생명이 다할 때가 없는 것처럼 날뛴다.

_A. 세네카

12.
선정선대(善正善對)

택시 기사가 잃어버린 휴대폰을 찾아 준다면 사례비로 얼마를 주어야 할까? 일반인인 경우는 어떠한가? 택시 기사는 자기의 일을 제쳐두고 가져다주어야 한다. 법적으로는 '물건 가액의 5%~ 20% 범위 내'라고 하지만 왕복 요금의 플러스알파가 답인 것 같다. 그때그때 다르다.

오래전 폴더폰을 한 번 잃어버렸다. 그 폰은 정녕 나에게 돌아오지 않았다. 뉴스를 보니 한국의 잃어버린 휴대폰이 해외로 팔려 나간다고 한다. 이런 식으로 중고폰 해외 수출에 밑거름이 된다니 마음이 씁쓸했다. 그 후로는 휴대폰에 명함 한 장을 꼭 넣고 다닌다. 누군가의 선처를 바라기 때문이다.

휴대폰을 주워 돌려준 경험이 있다. 버스 뒷자리에서 학생의 휴대폰을 주워 가지고 있었다. 학생의 어머니가 연락을 주시더니 직장으로 달려왔다. 직장 앞에서 휴대폰을 건넸더니 미리 준비한 커피 한 잔을 건네준다. "안 주셔도 되는데…."라고 말하였지만 작은 고마움의 표시로 받았다. 고마운 마음이 담긴 커피는 따뜻했다. 나의 첫 휴대폰 습득 사건이었다. 요즘 무상 급식을 하는 어느 곳에서는 일부 금액을 지불한다고 한다. 미안함과 무안함을 없애는 좋은 방법이기도 하다.

오래전 공원에서 가족 나들이하던 중 딸이 휴대폰을 잃어버렸다. 연락했더니 어느 분이 공원 분실물 센터에 놓고 갔다고 한다. 그 착한 분은 누구일까? 혹시 그 학생의 지인이 아니었나 생각해 본다. 세상은 돌고 돈다. 살만한 세상이다.

혹시 모를 휴대폰 분실에 대비해서 자신의 휴대폰 고유 식별번호 IMEI (International Mobile Equipment Identity)를 메모해 놓아야 한다. 휴대폰 전화 걸기에서 *#06#(별표 샵 06 샵)을 치면 나오는 화면을 캡처해서 메모장에 기록해 놓자.

불교에서는 보시(布施, 베 포, 베풀 시)라는 말이 있다. 자비의 마음으로 다른 이에게 아무런 조건 없이 베푸는 것을 말한다. 재물로 베푸는 재시, 진리로 가르치는 법시, 두려움과 어려움에서 구제해 주는 무외시가 있다고 한다. 성경에는 "무엇이든지 남에게 대접을 받고자 하는 대로 너희도 남을 대접하라."라고 한다. 황금률(Golden rule)이라 불리는 마태복음 7장 12절 말씀이다. 종교는 선함을 가르친다.

이 말씀을 보면 옛 직장 상사가 떠오른다. 직장에 손님이 오면 농담처럼 하는 말이 있었다. 직장에서 제일 맛있는 차를 준비하라고 한다. 손님에 대한 예의이기도 하지만 손님을 뻘쭘하지 않게 하는 배려이다.

알게 모르게 착한 일을 하는 분들이 많다. 다른 사람의 마음과 처지를 알기 때문이다. 착한 마음은 바른 마음, 정직한 마음에서 나온다.

이에 대해 '선정선대(善正善對)'라는 사자성어를 만들어보았다. 선한 자들과 마음이 정직한 자들을 선하게 대하자!

13.
상처는 사명이다

　몇 명에게 상처를 주었고 몇 명에게서 상처를 받았는가? 상처를 준 기억은 안 나도 받은 기억은 생생하다. 뇌의 해마를 통해 장기 기억으로 차곡차곡 저장되려 한다. 언젠가 한 방에 써먹을 분노를 준비하는 것처럼!

상처는 감당해야 할 사명이다

　상처에 대한 해석이 사람의 운명을 가를 수 있다. 송수용 저자는 『내 상처의 크기가 내 사명의 크기다』 책에서 상처의 크기를 사명의 크기와 동일시한다. 받은 상처를 통해 다른 사람의 상처를 이해하고 감당해야 할 사명을 찾으라고 한다. 사명은 살아가는 이유이며 목적이다. 상처를 달리 해석해서 문제를 해결하면 새로운 서비스가 되고 비즈니스가 될 수 있다고 생각해 본다. 상처를 사명으로 생각해 보자.

　나에게 그런 아픈 일들이 있었던 것은 재수가 없어서,
　운이 나빠서 그런 것이 아니다.
　내가 감당해야 할 사명이 있기 때문이다.
　내 상처의 크기가 내 사명의 크기다.

_송수용

상처는 수고의 흔적이다

오랫동안 수고한 농부의 손은 굳은살로 가득하다. 손바닥, 손마디가 작은 상처로 수 놓였다. 손에 그려진 상처는 거친 흙과 풀 날과 마주한 그간의 흔적이다. 열일하는 농부와 악수하는 손의 기억은 낯설다. 농부의 손에 대한 나의 손은 미안함에 열일하겠다는 수고를 다짐한다.

상처는 위로의 신호이다

치열한 경쟁 사회에서 뒤처지는 사람은 괴롭다. 출사표를 던지며 자신감 있게 행하던 것들을 내려놓는다. 해도 끝나지 않을 것 같고 결과도 쉽게 보이지 않는다. 입에서 웃음기는 사라지고 지인과의 어울림도 적어진다. 어느 날 갑자기 어디론가 떠난다. 종이 한 장에 남긴 그간의 심정은 그동안 쌓인 아픔의 압축이다. 자기도 어렵다고 하면서 남을 못 챙겨서 미안하다고 한다. 가까이서 지냈던 남아 있는 자도 그를 알아채지 못했다. "천천히 해도 괜찮아!" 오늘도 한 번 따뜻한 말과 손을 내밀어 보자.

혹시 상처받을 일이 생기면 실제 크기를 측정해 보자. 사명과 관계가 있는지도 확인해 보자. 그 상처를 해결하면 새로운 비즈니스 모델이 될지도 모른다. 상처가 사명이 될 수 있다는 발상의 전환이 필요하다.

14.
밤 줍기에서 배우는 인생 전략(NO RISK)

등산하면서 밤을 줍자는 친구의 제안을 받았다. 1시간만 투자하면 큰 밤을 얻을 수 있다는 솔깃한 제안이었다. 게다가 운동도 된다는 것이다. 추석도 지난 이 시국에 밤 줍기라니. 혹자는 밤(Chestnut) 줍는 시기는 끝났다고 한다. 그러나 친구의 입장은 명확하다. 순종하는 마음으로 친구의 의견에 따르기로 한다. 산행을 시작하고 중간쯤 가니 밤나무가 보인다. 밤송이의 널브러진 허물들이 즐비하다. 괜히 왔다 생각했지만 친구의 말을 시작으로 밤 찾기와 밤 줍기를 시작한다. 'NO RISK NO RETURN'이다.

위험 있는 곳에 큰 수익이 있다(High risk high return)

길옆의 밤나무 대부분은 고수들이 선수를 쳐서 털어갔다. 하지만 친구는 인적이 드문 길을 알고 있었다. 밤나무 주변에 한두 개씩 떨어진 알밤이 보인다. 역시 길에서 약간 떨어지고 가파른 곳이다. 알밤이 굵다. 둘이서 한몫 챙겼다. 다음 코스로 이동한다. 이번에는 물이 조금 흐르는 작은 계곡이다. 역시 물이 있는 곳엔 밤이 굵다. 낙엽을 들치니 아람 든 밤이 보인다. 우리를 위해 잘도 숨어 있었다.

각자의 영역으로 흩어진다. 난 평탄한 길에서 줍기로 한다. 한두 개씩 보인다. 그러나 밤송이를 손수 까야 한다. 세상의 당연한 이치. 많은 이들이 수고하기 귀찮아서 그냥 지나친 듯하다.

1시간여의 전투 끝에 전리품을 결산한다. 친구의 밤은 알이 굵다. 계곡물이 흐르는 근처의 밤이다. 내 것은 수량은 많지만 자잘한 것이 많다. 밤 줍는 것을 신기해하는 사람이 있었다. 친구가 말한다. 몇 개 드릴까요? 밤 몇 개를 꺼낸다. 제일 큰 밤이 나온다. 곳간에서 인심 난다는 말이 생각났다. 자세히 보니 구멍이 나거나 썩은 밤이 있어 자연을 위해 돌려보내기로 했다. 부지런히 움직이는 다람쥐의 뒷모습이 떠오른다. 1시간 동안의 등산 겸 운동이었던 오늘, 함께 나눌 일용할 양식을 구해서 감사하다.

밤 줍기에서 배우는 인생 전략을 NO RISK로 정의해 보았다.

No: 노! 밤이 없다고 쉽게 말하지 마라. 밤을 아는 친구가 있다.
Open: 오픈 마인드로 생각하라. 추석이 지난 오늘에야 나무에서 떨어지는 밤도 있다.
Risk: 위험이 큰 곳에서 큰 수익이 난다. 남이 안 간 가파른 곳에서는 줍줍이다.
Insight: 통찰력이 있어야 남이 보지 못한 것을 볼 수 있다. 밤의 생리를 안다.
Suffering: 밤 까는 수고를 해야 한다. 밤송이를 까야 밤을 얻는다.
Kindness: 곳간에서 인심 난다. 밤이 많으니 나눌 게 많다.

15.
도전이 청춘이다

청춘(靑春)은 '새싹이 파랗게 돋아나는 봄철'이다. 새파란 봄은 까맣게 잊었다. 시뻘건 여름의 태양은 하얗게 사라졌다. 시퍼런 가을 낙엽은 뻘겋게 누워 있다. 세찬 겨울바람은 아무 색깔 없이 사라진다. 그래도 봄날은 온다. 청춘이 돌아오지 않을 줄 알았다. 사무엘 울만을 알기 전까지 말이다.

*청춘이란 인생의 한 기간이 아니라 마음가짐이다. 장밋빛 볼, 붉은 입술, 부드러운 무릎이 아니라 씩씩한 **의**지, 풍부한 **상**상력, 불타오르는 **정**열이다.*

_사무엘 울만, 『청춘』

청춘은 '의/상/정'이다.

청춘이 돌아오지 않을 줄 알았다. 주철환의 '젊음을 구하려면'을 알기 전까지 말이다.

젊음을 구하려면 세 가지를 줄여야 한다.
의심과 근심과 욕심이다.
의심은 마음의 고름이다. 근심은 마음의 주름이고 욕심은 마음의 기름이다.
*의심을 **호기**심으로 근심을 **관**심으로 욕심을 **동**심으로 바꾸자.*

마음에 낀 고름과 기름을 쫙 빼고 힘차게 노래하며 힘차게 약동하자.

주철환, 『더 좋은 날들은 지금부터다』

청춘은 '호/관/동'이다.

청춘이 돌아오지 않을 줄 알았다. 내가 '청춘예찬'을 말하기 전까지 말이다.

1. 들음이 청춘이다. 가족의 말을 듣고, 동료의 말을 들어라.
2. 읽음이 청춘이다. 책을 읽고, 성경을 읽어라.
3. 열음이 청춘이다. 지갑을 열고, 마음을 열어라.
4. 알음이 청춘이다. 할 일을 알고, 갈 곳을 알아라.
5. 웃음이 청춘이다. 웃고, 웃겨야 한다.
6. 나눔이 청춘이다. 나누고, 베풀어라.
7. 소통이 청춘이다. 가족의 관심을 알아보고, 나의 관심을 알려줘라.
8. 운동이 청춘이다. 근력을 만들고, 왕(王) 자를 만들어라.
9. 열정이 청춘이다. 열심히 하고, 정열적으로 하라.
10. 도전이 청춘이다. 꿈에 도전하고, 목표에 도전하라

청춘은 도전이다. 청춘이 인생의 한 기간이 아니라는 것이 명백해졌다. 어떤 마음가짐을 갖느냐이다. 창공을 가르는 독수리같이 도전의 흔적을 보여 주어야 한다. 도전의 흔적이 축적되어야 기적이 일어난다.

16.
올해의 여덟 단어

목표를 세워 이루기까지는 때론 즐겁고 때론 지루한 반복의 일상이다. 반복의 일상이 66일이 되면 습관이 완성된다. 습관이 어느새 삶의 일부가 된다. 그간 잠언 30장, 시편 150편을 묵상하며 블로그에 글을 썼다. 그리고 나의 작은 성공에 박수를 보냈다. 자신의 수고에 보상해야 한다.

아침에 일어나 조용히 앉아 한 해를 돌아본다. 한 해 나를 나타낼 여덟 단어를 생각한다.

1. 흔적의 축적

"흔적이 축적되면 기적이 일어납니다."

유영만 교수님의 아침 일과를 블로그에 썼는데 댓글을 달아주셨다. 블로그의 이름이 '흔적의 축적'으로 변경되었다. 하고 싶은 일의 흔적을 남겨라. 기적으로 보답할 것이다.

2. 미라클 모닝

새벽 경영연구소 카페에 가입하여 미라클 모닝을 시작하였다. 66일이 지나니 루틴이 되었다. 새벽을 바꾸니 삶이 바뀌기 시작한다.

How many routines do you have?

3. 블로거

기록하지 않으면 기억되지 않는다. PC나 모바일에서 언제나 기록할 수 있다. '적자생존!' 적어야 산다. 기록하니 다시 찾아보기 좋다.

4. DID(들이대)

DID(들이대)가 내 언어의 일부가 되었다. 직장에서 프로젝트가 마무리될 즈음 DID 정신으로 포상 신청을 하였다. 작은 상장과 손목시계를 받게 되었다. DID 해야 "I did it." 할 수 있다.

5. 보컬 트레이닝

고음불가 목소리를 바꾸려고 보컬 학원에 등록했다. 잠깐만 배우려고 했는데 꾸준한 루틴이 되었다. 목소리를 내는 것도 힘이 든다. 보컬 훈련이 운동이 된다.

6. 자전거와 푸시업, 등산

자전거 타기는 봄에서 가을까지 자연을 누리는 최고의 운동이다. 집에서는 푸시업, 밖에서는 자전거, 토요일에는 등산을 한다. 운동해야 건강해진다.

7. 북 리뷰와 책

북 리뷰 카페에 가입하여 책 몇 권 서평을 했다. 저자의 마음을 이해하는 좋은 시도이다. 책을 읽고 한 줄로 정리할 수 없으면 읽지 않은 것이다. 책 쓰기 시작은 읽기와 서평으로부터!

새벽에 쓰는 흔적의 축적

8. 복의 근원

올 초 마음에 새긴 말씀이다. 좋은 말은 부담이 되지만 도전이 된다.

내가 너로 큰 민족을 이루고 네게 복을 주어 네 이름을 창대하게 하리니 너는 복이 될지라(창12:2)

여러분의 올해 여덟 단어는 무엇인가?

17.
함일평 선행

'베풀 힘이 있거든….'이라는 문장을 보면 '있는 사람이 어려운 사람 도와줘야지.'라는 문장이 생각이 난다. 나이 들면 돈도 좀 있고 시간 여유도 있으면 좋으련만 노년의 삶이 녹록지 않다. 현시대 노년의 삶을 잘 표현하는 단어가 있다. '고다자'와 '임계장'.

고다자는 "고르기도 쉽고, 다루기도 쉽고, 자르기도 쉽다."는 뜻이고, 임계장은 "임시직, 계약직, 노인장"을 말한다.

얼마 전, 입주민 폭행으로 극단적 선택을 하신 경비원의 이야기를 접하니 남의 이야기가 아니다. 요즘 청년 실업도 문제라지만 노년층의 일자리도 문제다. 노년에 재정적으로 여유가 있어 취미 활동도 하면서 여유로운 삶을 꿈꾸지만 쉽지 않다. 그래서 사람들이 부자가 되려고 하는 이유다.

어렸을 때 할머니께서 집에 오실 때면 용돈을 주시면서 "까까 사 먹고, 공책 사."라고 말씀하셨던 것이 생각난다. 그런데 요즘 세상이 그런 할머니 할아버지의 마음을 허락하지 않으려는 듯하다. 오늘은 스쳐 지나가는 경비원 아저씨에게 인사라도 먼저 건네는 여유를 부리자!

누구에게 선행을 해야 하는가? 톨스토이의 세 가지 질문 중 '세상에서 가장 중요한 사람은 누구인가?'라는 질문에서 답변을 찾으려고 한다. 지금 함께 있는 가족, 친척, 직장 동료들이다. 시간적(Time phase)으로는 지금 함께 있는 사람이고, 공간적(Place phase)으로는 1평 내 위치한 사람이다. 훌륭한 사람들은 아프리카 오지에 있는 모르는 사람까지도 도와주는 사람들이다. 훌륭한 사람들의 몫이 있다.

보통 사람인 우리는 지금 함께 있는 사람들에게 작은 미소라도 베풀자. 지키고 있는 이 자리에서 만나는 사람(함께, 1평 근접자)에게 잘하는 게 남는 거다.

함일평 선행은 "함께 있는 1평 근접자에게 선행을 하는 것이다."

오늘은 나의 남은 인생을 시작하는 첫날이다.

18.
기업(企業)을 하기 전엔 자기경영

어떤 이는 태어나자마자 물려받을 회사를 가지고 태어난다. 부모를 잘 만나서 그렇다. 그 태어남의 희비에 따라 어느 정도 삶의 길이 결정된다. 그렇지만 그 어려움을 이겨내고 기업(企業)을 일으켜 낸 분들이 우리에게 한번 해 보라는 희망을 던진다.

현대 아산 정주영 회장의 삶이 그러하다. 흙수저로 태어나서 부지런함(일근천하무난사)으로 세상을 이겨냈다.

'일근천하무난사(一勤天下無難事)'는 한결같이 부지런하면 천하에 어려운 일이 없다는 뜻이며, 중국 남송의 대유학자 주희(주자)의 시에 나오는 구절이다.

일근천하무난사를 나의 말로 정리해 보았다.

일)심, 일신우일신(향상심)
근)면 성실
천)명은 사업 보국과 세계 일등기업
하)면 된다(해 보기나 했어)
무)욕
난)어려움은 선물
사)원과 가까이

새벽에 쓰는 흔적의 축적

기업을 만들어내고 수십 년간 그 자리를 지키는 일은 보통 일이 아니다. 코로나 사태로 항공업과 호텔업 등 잘 나가던 서비스업들이 위태위태하다. 물려받은 회사를 한순간에 날릴 위기 상황이기도 하다.

인생을 경영하는 자는 자기경영을 위한 7계명을 생각해야 한다.

1. 당신의 목표는 무엇인가?
2. 당신의 핵심 역량은 무엇인가?
3. 당신은 효율적으로 스스로의 프로세스를 관리하고 있는가?
4. 당신의 고객은 누구인가?
5. 당신은 고객 감동을 실천하고 있는가?
6. 당신의 핵심 역량은 버전 업이 되고 있는가?
7. 당신의 시장은 어디에 있는가?

출처 : 장중구님 코칭카페 블로그(원출처 : 공병호 경영연구소, 2003.3.1.)

기업이라는 단어는 '기업(基業)'과 '기업(企業)'이 있다. 기업(基業)은 대대로 물려 내려오는 재산과 사업이라는 뜻이며, 기업(企業)은 영리를 얻기 위하여 재화나 용역을 생산하고 판매하는 조직체라는 뜻이다.

물려받은 기업(基業) 중에 기업(企業)은 없지만 자기 경영을 통해 나 자신을 경영해야 하겠다.

19.
기억의 법칙

요즘 블로그를 보면 진짜 정성 들였다 할 정도로 잘 쓴 글과 관련 있는 사진을 보게 된다. 그것에 대한 나의 반응은 공감 표시와 댓글 선사이다. 댓글을 쓸 때는 요약하거나 의미 있는 내용으로 반응하려고 한다. '댓글 한 줄의 힘, 한 줄로 회수하라.'이다.

댓글의 반응을 과학적으로 친절하게 설명한 책을 발견했다. 『사람은 어떻게 생각하고 배우고 기억하는가』의 저자 제레드 쿠니 호바스는 기억의 단계를 암호화, 저장, 회수 3단계로 정의하였다. 나의 댓글 다는 행위를 회수 단계로 말한다. 댓글을 다는 것이 뇌에 암호화, 저장되었던 내용을 꺼내는 기능을 한다는 것이다. 뇌 과학자가 말하는 게 그럴듯하다.

읽은 것(암호화)을 기록(저장)하고 써먹어야(회수) 한다. 블로그를 읽을 때 순간적으로 중요한 키워드와 전체 맥락을 한 줄로 요약해본다. 특히 스토리가 있는 이야기나 시는 많은 생각을 하게 한다. 그래도 한 줄의 힘으로 요약해 보자.

인간은 감정의 동물이라 잘 될 때는 우쭐했다가도 안 될 때는 낙담한다. 이럴 때 삶이란 무엇인가에 대하여 생각하게 하는 말이 '메멘토 모리'다.

메멘토 모리(Memento Mori)란 "죽음을 기억하라."라는 뜻의 라틴어다. 한 번쯤은 들었을 말이다. 로마 시대에 승리한 장군이 개선 행진 시 뒤따르던 노예가 큰소리로 외쳤다고 한다. 죽음을 생각하면 아무리 커다란 문제도 별거 아니다. 알량한 자존심이 뭐라고 죽음 앞에 대항할까?

팀 페리스도 『지금 하지 않으면 언제 하겠는가』라는 책에서 메멘토 모리를 소개한다. "진정한 변화란, 변하지 않는 것들을 추구할 때 가능하다. 영원불변의 진리에 기댈 때 삶은 의미 있는 변화를 시작한다."

사람들은 머리를 식히기 위해, 기분 전환을 위해 산을 오르고 바다에 간다. 푸른 산과 바다를 보면 마음이 편해진다. (중략) 절대 변하지 않는 것, 영원히 그 자리에 있는 것에는 우리가 마음에 새겨야 할 진리가 숨어 있기 때문이다. 진리 앞에선 모두가 겸손해진다. 바로 그 겸손이 우리가 얻어야 할 궁극적 지혜일 것이다. 인생에 정답 따위는 존재하지 않는다. (중략) 죽음을 생각해야 삶을 얻는다. 이 같은 역설을 인생 전반에 적용하면 좋은 개선과 진전을 얻을 수 있다.

_팀 페리스, 『지금 하지 않으면 언제 하겠는가』

행복은 내가 경험하는 것이 아니라 내가 기억하는 것이다.

_오스카 레반트

세상에는 읽어야 할 것들이 너무 많다. 모든 것을 기억할 수 없다. 오늘 만나게 될 많은 문장들에 힘이 닿는 대로 반응하자. 혹시 인생 문장을 만날 수도 있지 않은가! 메멘토 모리를 기억하라!

20.
기록한 대로 행함

강의를 들을 때 좋은 강의 내용을 메모해야 하는가? 말아야 하는가?

어떤 이는 메모하지 말라고 한다. 강사의 말에 집중하고 끝나고 나서 기억나는 것을 정리하라고 한다. 다시 볼 일도 없는 걸 왜 적느냐고 말하는 사람도 있다. 한동안 메모하지 않는 프레임에 갇혀 있었다. 황새가 메모하지 않는다고 뱁새도 그 프레임에 갇힌 꼴이다. 뱁새들은 간단하게라도 얼른 메모해야 한다. '메모한 걸 읽을까? 읽지 않을까?' 나중에 언젠가 한 번은 읽게 된다.

사초(史草)는 공식적 역사 편찬의 자료가 되는 기록이다. 조선시대 사초는 철저히 비밀에 부쳐 국왕을 포함한 누구도 볼 수 없었다. 조선시대 현종은 사초 기록관에게 극단적인 대립 상황을 기록하지 말 것을 요청하였다. 기록관은 왕의 부당함을 밝히고 그 명령을 포함한 논란까지 기록하였다고 한다. 한마디로 역사 그대로를 기록하는 것이 사초이다.

사초를 개인에 대입하면 개인의 일기이다. 학교 때 일기를 잠깐 써 본 기억밖에 없다. 요즘 일기와 기록의 중요성을 깨닫고 있다. 블로그도 삶의 기록(log)이다. 매일 블로그 글쓰기가 메모이며 기록이며 사초이다. 매일 적지 않으면 생존할 수 없다는 적자생존에 동의한다. 적어야 산다. 적으면 뇌가 기억해야 할 수고를 덜게 된다. 적어 놓은 기록은 검색이라는 무기로 쉽게 찾을 수 있다.

새벽에 쓰는 흔적의 축적

기록하지 않으면 기억되지 않는다. 누가 한 말인지는 모르지만 위대한 말이다. 오늘도 기록하는 이유이다. 순간의 메모가 기록이 되고 기록이 요약이 되고 요약이 각인이 되고 각인이 실행이 된다. 실행이 기적이 되고 기적이 기사가 된다. 역사는 반복된다. 기록한 대로 행하려면 요약은 안 하더라도 적어야 한다.

　기록하지 않으면 기억되지 않고
　기억되지 않으면 기적되지 않으며
　기적되지 않으면 기사되지 않는다.

4장

생각한 것 정리하기
- 정리의 흔적

생각한 것을 정리해야
정리된 생각으로 살게 된다.

01.
연합의 아름다움

"피는 물보다 진하다."라는 말은 형제애, 가족애를 뜻하는 말로 사용된다. 요즘은 돈이 피보다 진한 것 같아 씁쓸하다. 세상이 어려워지다 보니 생존이 화두다. 생존을 넘어 욕심이 넘친다. 그간 돈독한 형제들의 우애는 돈에 독이 올랐다는 뜻이었나?

어느 은퇴 선교사님의 간증을 들었다. 신학교 졸업 후 한동안 불러 주는 곳이 없었다. 서울 한 서점에서 책을 보다 모 선교회의 사역에 감동하여 그곳에 참여할 수 있는지를 문의했다. 자신을 그곳에서 받아 주어 근래까지 관계된 일을 해왔다.

자신의 간증을 '연합(聯合)'으로 표현했다. 자신이 부족함에도 모 선교회에서 거두어준 것에 대한 감사함이었다. 세상은 혼자 살 수 없고 연합하여 살아야 한다고 말한다. 먼 선교지로 떠날 때 누군가 만든 비행기를 타고 쉽게 갈 수 있었다. 아무도 모르는 타지에 있었지만 사람들과 같이 살아가는 것에 감사했다. 어려운 자가 있으면 같이 나눠 주고 울어 주고 기도하는 삶을 살았다. 연합하며 잘 살아 돌아왔고 고국에서 새로운 연합을 준비하고 있다.

선교사님이 은퇴 후를 고민하던 때 아는 교우가 작은 농장을 준비하고 있었다. 그는 그 교우를 'First mover'라고 생각했다. 자기가 할 수 없는 일을 준비해 가는 교우가 대단해 보였기 때문이다. 노후를 준비해

새벽에 쓰는 흔적의 축적

야 하는 마음도 있었다. 그 일에 일부분 참여하는 것에 감사한다고 한다. 여태 함께한 세월에 대한 두 분의 신뢰감이 감동으로 다가온다. 이럴 때 쓰는 말이 "피는 물보다 진하다."이다.

여러 해를 같이 지내온 선교사님과 교우 가족은 서로를 있는 그대로 받아들인다. 여태까지 해 온 성과가 크지 않아도, 많은 이들이 찾아오지 않아도 함께 공존하는 것에 감사한다.

근자열원자래(近者說遠者來)라는 말이 있다. 가까이 있는 사람은 기쁘게 하고 멀리 있는 사람은 찾아오게 하는 것이다. 사람을 멀리서 찾아오게 하는 것은 진한 우정이 있기 때문이다. 멀리 있는 친구도 중요하지만 가족 간의 연합이 우선이다. 수신제가 치국평천하라고 하지 않는가?

글을 쓰고 있으면 밥을 차려놓고 기다려 주는 분이 있다. 거두어 주고 받아들이는 분이다. 나는 아침밥을 기쁘게 받아들이면 된다. 꼭두새벽부터 준비한 식사를 맛있게 먹으면 된다. 얻어먹을 수 있는 힘이 있어 감사하다.

연합하여 동거함이 어찌 선하고 아름다운가? 연합하려면 거두어 주고 있는 그대로 받아들여야 한다.

02.
인자한 마사지

산행 중 힘들게 걸어가는 사람을 세워가며 모르는 사람의 몸을 마사지해 줄 수 있는가?

후배와 계룡산 도덕봉을 산행 중에 그런 귀인을 만났다. 후배의 얼굴을 보더니 부종(몸이 붓는 현상)이 있다고 말한다. 한의사냐고 물었더니 의료기기 업체에 근무한다고 한다. 그분의 부종에 대한 지식과 건강 상식에 빠져든다. 자신의 목, 나의 목, 후배 목 부위의 온도 차를 설명한다. 따뜻한 몸을 강조하며 오래전 헬리콥터로 후송되는 산악 사고 이야기까지 꺼낸다.

후배의 혈액 순환이 안 좋다 하며 마사지를 해도 되는지 물어본다. 후배는 몸 상태를 제대로 파악한 그분의 제안에 자신의 몸을 흔쾌히 허락한다. 후배는 짧은 시간 동안의 마사지로 혈액 순환이 잘되고 얼굴이 좋아짐을 느낀다. 얼굴과 목으로 시작한 마사지가 무릎까지 계속되었다. 몸이 가뿐해진 후배는 감사 표시로 가방에 있는 계란과 과일을 준다. 안 받아도 된다는 말에도 후배는 간곡하게 귤과 물을 건넨다. 귤을 먹으면서 복식 호흡을 해야 하는 조언까지 깨알같이 알려 주신다. 조용히 걸어가는 그분을 보며 후배는 "다음에 식사 한번 대접할게요."라고 말한다. '다음에'는 달력에 없다고 하는데 그럼에도 다음을 기약해 본다.

모르는 사람을 세워 마사지를 해 주는 실행력이 어디서 오는지 생각해 보았다.

> 1. 건강 상식에 대한 자신감이다.
> 2. 사람 생명에 대한 소중함이다.
> 3. 지난 사고에 대한 안타까움이다.

부종(浮腫, edema)은 혈액 순환이 잘 안 되어 몸이 붓는 현상이다. 몸을 따뜻하게 하는 운동을 하고 몸에 독소를 빼는 건강 관리를 하면 된다.

블로그 이웃의 글에서 건진 개념 있는 한 문장을 소개한다. '소한토하온열해독'으로 암기해 보자.

소식(小食)과 절식(節食), **한법**(땀내기), **토법**(과식 시 토하기), **하법**(대변 잘 보기), **온열 해독**(몸을 따뜻하게 하여 독 없애기).

총 18,890 발걸음의 산행을 하면서 건강에 대한 소중함을 다시 깨달았다. 친절한 그분의 인자한(merciful) 행동에 감사가 되었다. 건강에 일가견이 있는 고수의 한 수를 제대로 배웠다.

건강의 소중함을 느낀 후배는 건강 관리를 다짐한다. 후배는 그날 밤 잠자기 전 "오늘이 인생 최고의 날이었는가?"에 대한 질문에 "Yes"라고 답할 것이라고 한다.

03.
작심삼일에 대처하는 자세(역 피해의식)

그의 본 모습을 알아차리기 전까지 그(이하 S)는 나와 상관없는 줄 알았다. 미라클 모닝 시작 4일째 되는 날, 새벽 4시 59분 기상 목표를 두고 작심삼일이라는 무기로 나를 시험하기 시작했다. "3일이면 최선을 다했어. 안 피곤해요?"라고 주위 사람을 통해서 속삭인다. "이번에 안되면 때려치워라!"라는 나의 전략을 간과한 듯했다. S는 지금 일찍 일어나는 것에는 크게 관여하지 않는다.

이번에는 하루 건너뛰기 전략이다. 전에도 블로그를 쓰다가 중단한 전력이 있다. "하루 안 해도 괜찮아, 뭐 대단한 거라고!" 그럴듯한 논리에 머리를 끄덕였다. 그러나 '짧게라도 쓰자.'의 전략으로 잘 버텨 냈다.

또 다른 방해 전략은 글의 완벽성이다. 공과 계열의 한계인 듯 긴 글 읽기와 글쓰기가 쥐약이었다. "글 읽을 사람도 없고, 그런 내용도 많아!" 그래도 앉아서 한 줄 한 줄 늘려가는 나 자신이 대견스러웠다. 몇 줄 적고 사진 붙이고 명언을 첨부하였다. 자기만족이었다. 주위들은 '신경 끄기의 기술'로 퇴치하였다.

S는 고립이라는 그럴싸한 전략을 슬며시 머릿속에 넣어준다. 혼자 고립되고 고독해도 혼자 이겨 내려고 한다. 중·하수들은 혼자 실패하고 혼자 낙담하고 알아서 중단한다. 그러나 블로그 이웃의 전략을 몰라도 너무 몰랐다. 친한 블로그 이웃의 성의 있는 댓글에 힘이 난다. 서로 이웃이 되어 함께 성장하는 교학상장 이웃이다.

S의 방해 전략 음모와 대책을 정리하였다.

---

1. 작심삼일 : 이번에 안 되면 때려치워라!
2. 건너뛰기 : 짧게라도 쓰자!
3. 글 완벽성 : 신경 끄기의 기술
4. 혼자 고립 : 이웃 관리(내가 좋은 이웃 되는 것)
5. 시간 싸움 : 숙제

아직 해결하지 못한 것이 있다. 시간과의 싸움이다. 그래도 블로그 글 쓰기 템플릿이 있어 잘 활용하고 있다. 저장된 템플릿을 사용하니 약 10초 이상 절약되는 듯하다. 이젠 시간을 어떻게 잘 사용할 것인가에 대한 고민이 필요하다.

S의 음모는 내가 가고 있는 길목에서 오히려 나를 훈련시키는 데 도움을 주었다. 클레멘트 스톤의 '역 피해의식(Inverse Paranoid)'을 알고 나니 모든 것이 해결되었다. 역 피해의식은 세상이 자신에게 좋은 일을 하려고 계획(음모)을 꾸미고 있다고 믿는 것이다. S의 특징은 게으르거나 목표 없이 빈둥빈둥하는 사람에게는 큰 관심이 없는 듯하다. 그냥 그곳에 안주하면서 자기도 쉰다. 그러나 목표를 위해 달려가는 사람들에게는 길목에서 지켜보며 방해하려 한다. S의 실체가 밝혀졌다. 작심삼일을 역 피해의식으로 이겨내자.

04.
괴로우나 기쁜 날

지인의 밭에서 고구마를 캤다. 하늘이 농작물에 도움을 준다고 태양이 강렬하다. 고구마를 캐는 사람의 머리엔 열이 난다.

게다가 유난히 자주 오던 비가 오지 않아 땅 파기가 더디다. 자색 고구마는 땅속 깊이 자리를 잡았다. 같은 일인데 작년 다르고 올해 다르다. 머리에는 땀이 흥건하다. 잠깐의 휴식에 먹는 새참은 꿀맛이다. 입안에 당이 들어가니 당당하게 고구마 줄기를 당길 수 있다. 고구마를 당기니 넝쿨째 끌려온다.

마음속에는 "다음에는 고구마를 사 먹고 말지!"라는 생각뿐이다. 집에 오는 길에 집사람은 친구에게 고구마를 건넨다. "고마워. 잘 먹을게!"라고 친구가 기뻐하며 반긴다. 나누는 기쁨, 뜻밖에 받는 선물이 친구에겐 큰 기쁨이 되었다.

"공부가 제일 쉬웠어요."라는 말이 생각난다. 머릿속엔 농부에 대한 감사가 절로 난다. 농부에겐 미라클 모닝이 없다. 새벽은 농부가 가지는 고유의 시간 영역이다. 그 이후는 하늘에 맡긴다.

고구마를 캐는 어제는 글쓰기가 제일 쉬웠다고 느꼈다. 글을 쓰는 오늘은 고구마 캐기가 제일 쉬웠다는 말이 절로 나온다.

사람들이 괴로우나 기쁘나 벼는 자라고 있다.

"우리를 괴롭게 하신 날수대로와 우리가 화를 당한 연수대로 우리를 기쁘게 하소서." 모세의 기도이다. 이스라엘 사람이었지만 섭리 가운데 이집트 왕자가 되어 권세를 누린다. 이집트인과 유대인과의 싸움에 끼어들다 살인을 저지른다. 그 이후는 도주의 날이었다. 많은 유대인 백성을 이끌고 이집트를 탈출하여 광야 생활을 하게 된다.

모세는 그렇게 기도했다. 왕자의 삶보다 괴로운 날, 화 당한 날이 더 많았다고 생각한 것이다. 하루를 괴로운 날, 화를 당한 날로 단정할 수는 없지 않은가? 그때의 고통을 빨리 벗어나 기쁨의 날을 맞이했으면 하는 바람이었을 것이다.

정신적인 노력과 인생을 아는 기쁨은 육체노동과 휴식의 기쁨처럼 서로 번갈아 찾아드는 것이다. 육체적인 노동 없이 휴식의 기쁨 없고, 정신적인 노력 없이 인생을 아는 기쁨 없다.

_톨스토이

코로나로 많은 분들이 고통의 터널을 지나고 있다. 그 터널이 언제 끝날지 알 수 없다. 점점 기약이 없어지는 듯하다. 구상도 하고 새롭게 판을 짜야 한다. 발 빠른 이는 벌써 준비를 마쳤다. 오늘도 시작이다. 아직 주어진 일이 있다는 것은 감사한 일이다.

05.
중수(中手)의 꿈 - 100일째 미라클 모닝

미라클 모닝을 시작하였다. 기상 시간 목표는 4시 59분. 할 일은 세 가지였다. 잠언 독서 묵상, 블로그 쓰기, 푸시업 10개, 추진 슬로건은 '이번에 안되면 때려치워라!'로 정하고 시작했다.

미라클 모닝 선포를 자주 일삼던 좌절의 시기를 멀리하고 100일이라는 작은 성공을 거두었다.

알람은 4시 40분에 어김없이 날 호출한다. 잠시 뒤척이다 일어난다. 기지개를 켜고 입속에 있는 불순물을 입 헹굼 기술로 제거한다.

잠언(시편)을 읽고 묵상한다. 컴퓨터를 켜고 블로그 템플릿을 누르고 시작한다. 잠언(시편)에서 건진 문장을 주제로 글을 쓴다. 주제를 선정하고 글을 쓰다가 어느 정도 틀이 완성되면 푸시업을 한다. 10번 하던 것이 매일 한 개씩 늘어난다.

우리는 꿈과 희망을 이뤄 내기 위해 수많은 선포와 고백을 반복한다. 『훈의 시대』에서 김민섭 저자는 "선언만 반복하는 개인은 그 어떤 변화를 추동할 수 없음을 우리는 알고 있다."라고 말한다. "그래, 그러고 살아왔어."라는 말이 내 마음의 정곡을 찌른다. 작심삼일 단계에서 고백 한번 하고 다시 계획 세우기의 반복이었다. 미라클 모닝이라도 안 했으면 어쩔뻔했나 라는 생각이 든다.

꿈은

날짜와 적으면 목표가 되고

목표를 잘게 나누면 계획이 되며

계획을 실행에 옮기면 꿈은 실현된다.

_그레그

내가 알고 있는 CEO는 눈이 오나 비가 오나 새벽에 일어난다. 그분은 시간에 맞춰 일어나 습관을 만드는 미라클 모닝은 하지 않는다. 처음 새벽에 일어나는 것은 생존을 위한 것이었고 지금은 삶의 일부가 되었다. 매일 새벽 산길을 걸으며 하루를 시작한다. 걷는 동안 회사의 발전을 위해 무엇을 할 것인가를 생각한다. 그 고독의 시간이 미라클 모닝 시간이다.

고백은 세상을 변화시킬 수 없다. 오늘 꿈꾸고 있는 것을 목표로 적어보고 계획하고 실천해야 한다. 그래야 희망이 생기고 실현될 수 있다. 고수로 살 것인가? 중수로 살 것인가? 하수로 살 것인가? 우리가 할 수 있는 것은 선택이다.

06.
인생 시험 청문회

내가 현재 상태로 수능 시험을 본다면 잘 치를 수 있는가? 수능을 볼 마음도 없고 보지도 않을 것이다. 학생은 수능 시험을 보지만, 어른들은 인생 시험을 치른다.

아이들 공부 내용을 가끔 본다. 잘 써먹지도 않을 내용들이 많다. 거기에 봉사 활동에 대외 활동까지 하루하루가 피곤의 연속이다. 그래도 대학을 가야 하니 어쩔 수 없는 현실이다. 인생은 시험의 연속이다.

고위직들도 높은 자리에 앉으려면 청문회라는 시험을 통과해야 한다. 청문회(聽聞會, hearings)는 국회가 의정 활동을 수행하는 과정에서 사실이나, 진상의 규명과 관련하여 전문가의 의견을 청취할 수 있는 제도이다. 청문회 자리에 선다면 여태까지의 삶을 잘 살았다고 말할 수 있는가?

청문회를 하게 되면 자신의 과거 문제가 적나라하게 드러난다. 일부는 좋지 않은 과거로 망신만 당하고 조용히 내려온다. 지인들의 제보가 더 가관이다. 청문 위원들이 버젓이 묻는 질문은 내로남불형 질문이다. 내가 하면 로맨스고 남이 하면 불륜이다.

어떤 이는 미담이 흘러나와 존경의 대상이 되기도 한다. 일과 생활에 대한 자신만의 철학을 잘 지켰기 때문일 것이다. 여러 가지 시험(Test)과 유혹(Temptation)을 잘 이겨내고 그 자리까지 온 것이다. 수능 시험을 거쳐 인생 시험까지 잘 이겨내야 한다. 왕관을 쓰려는 자, 왕관의 무게를 견디라고 한다. 왕관을 쓰려면 인생 시험을 통과해야 한다.

이스라엘 왕 다윗은 시편에서 "나를 살피사 내 마음을 아시며, 나를 시험하사 내 뜻을 아옵소서."라고 말한다. 청문 위원은 사람이 아닌 하나님이다. 어디서 이런 자신감이 나올까? 청문회 통과를 자신해서 그런가?

맞이할 시험이 있다면 기꺼이(Gladly) 받아들이고
물리칠 유혹이 있다면 과감히(boldly) 받아쳐야 한다.
매일 밤 인생 시험 청문회 일정이 잡힐 것이다.
다섯 줄 감사 일기와 함께.
청문 위원은 나 자신이다.

07.
내년에 뭘 할까? 사업성에 집중해야 한다

어떤 깊은 인생을 살고 있는가? 깨우침의 문, 견딤의 문, 넘어섬의 문을 통과하고 있는가?

구본형 저자의 『깊은 인생』 책을 읽다가 '구본형 변화경영연구소' 홈페이지를 찾게 되었다. 그는 '삶을 시처럼 살고 싶어 하는 우리 시대 대표적 변화경영사상가'로 불린다. 고인이 되어도 저자의 영향력은 대단하다. 내년을 준비하는 이들을 위한 저자의 칼럼을 읽고 소개한다.

구본형 저자의 칼럼 「내년에 뭘 할까?」에서 3가지 핵심 개념을 빌려와 정리해 보았다.

사) 사람. 두 명의 사람과 1개월 1회 긴 대화

새해에는 어떤 사람과 더 깊은 관계를 맺어갈 것인가? 적어도 한 달에 한 번은 긴 대화를 가져야 한다. 저녁 식사, 스터디 그룹, 함께 하는 스포츠면 좋을 것이다. 관계 강화를 위한 창조적 교류 시간은 미리미리 배정해야 한다. 알고 있는 인맥 리스트에 두 명을 추가한다. 좋아하는 저자를 만나 서명을 받고 관계를 맺는 경험도 좋다. 요즘 코로나로 저자 사인회가 없어진 건 아쉬움이다. 영혼을 잘 관리해 줄 새 친구를 만들어 보자!

업) 업(業). 일에서 가슴 뛰는 업을 발굴

일은 나에게 주어진 것이고 업은 내가 발굴한 것이다. 기왕 주어진 일에 최선을 다해 그 프로젝트를 창조적인 놀이로 만들어 팀원과 함께 성장하는 것이다. 그 배움을 통해 그 분야의 전문가가 되어 브랜드를 쌓아가야 한다. 그 일이 가슴 뛰는 업이 된다면 향후 제2의 직업이 될 수 있을 것이다. 애먼 데 쫓아다니지 말고 자기 강점을 살리는 업을 찾고 만들어야 한다.

성) 성장. 독서와 인생 책 만들기

자신의 성장을 위한 것은 역시 독서이다. 인터넷에 '청울림 추천 도서' 25권이 올라와 있다. 책을 읽고 리뷰를 해야 한다. 글로 정리하지 않으면 남지 않는다. 자기 말로 정의하고 생각한 것을 정리해야 한다. 울림 있는 한 문장이 있어야 한다. 10개월 동안 최소 한 달에 한 권씩 읽고, 남는 두 달에는 세 번 읽기를 통해 자신의 인생 책으로 만들어야 한다.

독서와 함께할 것은 창작이다. 자기실현의 최고봉 책 쓰기와 그림 그리기, 작곡, 연극, 노래, 그 뭐든 상관없다. 3행시, 4행시 시를 써도 좋다. 창작을 장착해야 한다.

2019년 한국 성인 평균 독서량은 7.5권이다. 성인의 평일 독서 시간은 31.8분이다. 이 수치를 더 높여야 수치를 당하지 않는다.

새해가 다가오면 누구나 계획을 세운다. 작심삼일이 작심백일이 되고 작심천일이 되어 습관이 된다면 깊은 인생이 될 것이다.

사)람을 얻어 영혼을 관리하고

업)을 발굴해 가슴을 뛰게 하며

성)장을 통해 인생의 책을 만드는 내년이 되어야 한다.

새벽에 쓰는 흔적의 축적

08.
확실히 내가 아는 것

독서를 하면 성공할 수 있냐고요?

반은 맞고 반은 틀리다. 책만 읽고 행동하지 않는 사람을 '간서치'라고 부른다. 머리에 든 것은 많으나 실행과는 일정 거리를 둔다. 실패에 대한 두려움이거나 해 본 경험이 없기 때문이다.

성공한 사람 대부분은 책을 많이 읽는다. 감명 깊은 한 문장이 그 사람의 마음을 바꾸어 놓는다. 엉덩이 살을 때리는 것이 아닌 뼈 때리는 문장이다. 그 요약된 문장이 각인되어 실행 동력으로 변화한다. 근래 간직하고 있는 뼈 때리는 문장이 있는가?

앎의 완성은 실천이다. 내가 아는 것을 입으로 표현하고 몸으로 실천해야 한다. 책을 읽고 뼈 때리는 문장을 뼛속 깊이 쟁여 놓고 뼈를 깎을 정도로 움직여야 한다.

지식을 아는 만큼 실행이 되냐고요?

아는 만큼 보인다고 한다. 대충, 대강, 대략 알아서는 보이지 않는다. 몸으로 부딪혀 봐야 한다. 모르면 경험해 본 멘토의 의견을 구하고 분별해서 시도하면 된다.

비 오던 날 아침, 계룡산 운무의 춤사위가 생각이 난다. 정상에 올라가는 중 운무가 산의 절경을 가린다. 운무가 눈앞에서 한동안 춤을 추고 난 뒤 퇴장한다. 그 아름다움을 보지 못한 사람에게는 말해 무엇하랴!

그 운무가 거치면 아름다운 절경이 나타난다. 기다리니 보인다.

흔적이 축적되면 기적이 일어나나요?

맞는 말인가? 맞으면 모두에게 맞는 말인가? 혹자는 흔적이 축적되면 자국만 남는다고 한다. 흐릿한 흔적은 흐릿한 자국이라고 하자.

성공한 사람들은 집중 작업 시간 3시간을 확보한다. 자투리 시간을 허투루 쓰지 않는다. 아침 시간이 해답이다. 자기 시간을 쟁취하지 않고 여기저기 싸돌아다니다 다시 그 자리로 돌아온다. 그 시간을 확보해야 흔적이 쌓인다.

흔적을 쌓아 성과를 이뤄낸 사람들은 말한다. 흔적이 축적되면 실제 기적이 일어난다고! 자신이 맛을 보고 경험해 봐야 기적을 알 수 있다. 그래야 자신 있게 말할 수 있다. 자신의 기적이 기적이다.

책을 읽고 뼈 때리는 문장을 챙기고 쟁여 놓아야 한다. 말로 뼈 때리는 문장을 되뇌고 뼈를 묻는다는 마음으로 몸으로 흔적을 남겨야 한다.

새벽에 쓰는 흔적의 축적

09.
선생님의 가르침

기억에 남는 선생님은 누구인가? 선생님에 대한 좋은 기억은? 졸업한 제자가 학교를 찾아와 선생님과 옛날 사진을 보며 기억을 더듬는다. 잘나지 않아도 출세하지 않아도 함께 나누는 이야기만으로도 행복하다. 학교를 막 졸업했을 때가 부지런히 찾아볼 때다. 선생님은 아름답다.

오래전 〈1박 2일〉TV 프로그램의 한 국사 선생님의 말씀이 기억난다. 선생님은 아이들이 출세하는 건 바라지 않는다. 다만 남의 눈에 피눈물 내면서 출세하지 않았으면 좋겠다고 말한다.

선생님이 편하면 애들이 망가져요. 아이들이 어디 가서 출세하는 건 안 바라요. 남의 눈에 피눈물 내면서 출세하지 않았으면 좋겠어요!

_〈1박 2일〉 경남 거제 편, 김명호 선생님

그 선생님은 거창한 걸 가르치지 않는다. 남의 눈에 피눈물 내지 않고 사회에서 인정받기 위한 기본 원칙을 말한다. 쉬워 보이나 생각해야 할 원칙이다.

> 1. 종 쳤을 때 자리에 앉아 있어라. → 시간 지키기
> 2. 말투 표정 윗사람에게 공손히. → 매너

그리고 자기 반 학생들의 이름을 번호대로 한 명씩 부르기 시작해서 32명의 이름을 완창한다. 그때의 감동이 아직까지 머릿속에 남아 있다. 아이들의 이름을 불러주는 건 관심이다. 학생들의 이름을 외우기 위해 밤늦게까지 사진을 봐 가며 암기했으리라.

요즘 선생님들은 설 자리가 많이 없어지는 것 같아 안타깝다. 그래도 한 명 한 명 이름을 기억해 주며 가르치는 선생님이 있어 우리나라가 잘 돌아가는 것 아니겠는가?

헨리 반 다이크의 〈무명교사 예찬〉 일부를 읽는 것만으로도 감동이 된다.

나는 무명교사를 예찬하는 노래를 부르노라.

전투를 이기는 이는 위대한 장군이로되

전쟁에 승리를 가져오는 이는 무명의 병사로다.

새로운 교육 제도를 만드는 이는 이름 높은 교육자로되

젊은이를 올바르게 이끄는 이는 무명의 교사로다.

_헨리 반 다이크(미국 시인)

10.
당신은 젊은 영혼의 소유자인가

주철환 저자의 『청춘』을 읽었고 발레리나 강수진이 출연한 〈대화의 희열〉 프로그램을 보았다. 두 분을 보고 나이는 들어도 젊은 영혼의 소유자라는 걸 알게 되었다. 참 부지런히도 살아간다. '젊은 영혼의 소유자'의 특징을 정리해 보았다.

젊은 영혼의 소유자가 가야 할 곳, 가방에 넣는 것, 취하는 태도에 관한 내용이다.

젊은 영혼의 소유자가 가야 할 곳은 전/당/포이다.
전문성을 가지고 꾸중보다는 **당**근 전략으로 **포**용력을 가진 사람이 있는 곳이다. 이런 곳에 사람이 몰린다. 전문성은 기본이다. 당근 전략으로 할 수 있는 부자유친(부드럽고, 자상하고, 유연하고, 친절하게)은 덤이다. 포용력은 남을 안아줄 수 있는 용기이며 힘이다. 주철환 저자도 언어유희의 마법사이다.

젊은 영혼의 소유자가 가방에 넣어야 할 것은 책, 음식(도시락), 응원도구이다.
책은 마음의 양식이다. 항상 영혼에 평안을 주는 말씀이 있어야 한다. 음식은 나누어 줄 먹거리다. 뻘쭘할 때 함께 나눌 껌이나 비타민도 도움이 될 듯하다. 응원 도구는 타인을 웃게 하거나 힘을 주는 도구이다. 때에 맞는 유머와 지갑에 들어있는 식사비용도 해당한다.

젊은 영혼의 소유자가 취해야 할 태도는 예의이다.
강수진은 관객을 위한 피나는 노력은 남을 위한 예의라고 한다. 모든 순간 노력하는 것은 자신에 대한 예의라고 한다. 그렇게 잘 준비되어 갖춰진 예의가 전문성이 되고 응원 도구가 될 수 있다. 나이는 들어도 예의가 있어야 한다.

모든 순간 노력하는 것은 자신에 대한 예의이다.

_발레리나 강수진

젊음 영혼을 소유하려면 전당포에 가야 하고, 가방에 넣을 것도 챙기고, 예의도 갖춰야 한다.

11.
발자취

　인생의 획을 긋는 위인들의 삶은 고난과 자기희생의 길이다. 남들 보기에는 쉬워 보이는 일이지만 결정하기도 쉽지 않은 일이다. 자기 목숨까지 던져 가며 자기가 받은 소명을 이루려고 노력한다. 도산 안창호 독립운동가의 삶을 보자.

1. 1895년 구세학당(언더우드 경영) 입학(국력배양의 중요성 절감)

2. 1897년 독립협회 가입, 활동(정부와 관리 비판, 민족 각성 촉구)

3. 1898년 만민공동회 개최

4. 1899년 고향 강서에 근대학교인 점진학교 설립
   (점진공부와 수양으로 – 민족의 힘)

5. 1905년 대한인공립협회 설립, 야학개설, 「공립신보」 발간
   (생활향상, 의식계몽)

6. 1907년 항일비밀결사 신민회를 조직, 「대한매일신보」 발간, 민중운동

7. 1907년 평양에 대성학교 설립, 도자기 회사 설립(민족산업 육성)

8. 1909년 청년학우회 조직, 이토 히로부미 암살사건 혐의로 3개월 투옥

9. 1913년 샌프란시스코에서 흥사단 조직

10. 1919년 상해 임시정부 역할, 독립운동~

11. 1932년 윤봉길의 상해 홍커우 공원 폭탄 사건 등으로 투옥, 보석~
    (1938년 사망)

출처 : 네이버 지식백과

도산 안창호의 기본 사상은 '민족개조론'이다. 자주독립은 교육을 통한 국민운동으로 가능하다고 믿었다. 무실역행을 바탕으로 하는 흥사단 정신은 오늘날까지 영향을 주고 있다.

안창호는 서당 선배인 필대은의 영향을 받았으며, 1895년 청일 전쟁 후 국력 배양의 중요성을 절감하여 구세학당에 입학했다. 좋은 데에 취업하기 위해 대학교에 입학하는 마음이 아니었다. 위인들의 생각은 무언가 다르다. 안창호는 이렇게 말한다.

그대는 나라를 사랑하는가. 그러면 먼저 그대가 건전한 인격이 되라. 우리 중에 인물이 없는 것은 마음먹고 힘쓰는 사람이 없는 까닭이다. 인물이 없다고 한탄하는 자신이 왜 인물이 될 공부를 아니 하는가.

_도산 안창호

현재까지 살아오면서 내가 남긴 발자취가 무엇인지를 살펴보았다. 발자취라는 단어에 위압감을 느낀다. 사람은 각자 그릇의 크기에 따라 행동한다. 어렸을 때부터 보고 배운 것이 있기 때문이다.

안창호 선생은 필대은이라는 깨어 있는 선배가 있었기 때문에 보고 배울 수 있었다. 주위에 훌륭한 사람이 있으면 자신이 훌륭하게 될 가능성이 크다. 안창호 선생의 일생을 보니 학교를 세우고 조직을 만들고 참 부지런히도 사셨다. '민족개조'라는 목표가 있었기 때문일 것이다. 그걸 이루기 위해 일찍 일어나고 밤을 새워가며 행동했다. 필대은 선배의 영향이었을까? 아니면 구세학당 친구들? 그렇다면 미라클 모닝은 하셨을까?

모든 위대한 사람들의 발자취를 보라. 그들이 걸어온 길은 고난과 자기희생의 길이었다. 자기를 희생할 줄 아는 사람만이 위대해질 수 있는 법이다.

_G.E. 레싱

당신이 태어났을 때 당신은 울고, 세상은 기뻐했다. 당신이 죽을 때는 세상이 울고 당신은 웃을 수 있는 삶을 살아야 한다.

_화이트 엘크

인생의 큰 발자취는 하루아침에 이루어지지 않는다. 매일 매일의 삶의 흔적이 축적되어야 한다. 그저 거저 얻으려는 의식이 발동하지만, 알람이 울리면 일어나야 하고 움직여야 한다. 지속적으로 책을 읽어야 가는 방향에서 비켜나지 않는다. '점진'이라는 단어가 기억에 남는다. 안창호 선생의 전략이었을 것이다. 인생에 한방은 없다. 점진적으로 가다가 폭발하는 임계점을 만나야 한방이 나온다. 인생의 발자취는 점진적으로 남겨야 한다.

12.
베스트셀러와 봉이 호떡

　대전 만인산 자연 휴양림에 가서 봉이 호떡을 먹지 않으면 가지 않은 것이다.

　토요일 오후 몸이 근질거려 만인산 휴양림 입구에 다녀왔다. 산 입구만 잠깐 걸으며 산책을 즐겼다. 그곳에 가끔 갈 때면 참새가 방앗간을 지나칠 수 없듯이 꼭 먹어야 하는 것이 있다.

　봉이 호떡이다. 한 개 1,200원으로 누리는 소확행이다. 봉이 호떡은 1994년부터 27년째 이어져 오는 대전의 명물이다. 호떡 먹으러 이곳에 오는 이도 있다. 봉이 호떡은 베스트셀러이며 스테디셀러이다.

　훌륭한 재능을 가지고 있다고 생각하는가? 가진 재능을 십분 발휘하고 있는가? 훌륭한 재능을 가지고 있어도 개발하지 못한다면 조용히 사라진다. 노력을 하지 않았거나 좋은 스승을 만나지 못했거나 여러 가지 이유가 있을 것이다.

　서점에 가면 많은 책이 쏟아져 나온다. 글자의 시대에서 영상의 시대로 넘어가니 사람들이 책을 보지 않는다. 그럼에도 베스트셀러는 나온다. 양원근 저자의 『책쓰기가 이렇게 쉬울 줄이야』를 통해 베스트셀러의 5가지 조건을 살펴보았다.

1. 제목과 표지

대박 제목을 만드는 6가지 법칙

가. 독자에게 무엇이 이익인지 확실하게 알려 주어야 한다.

나. '지금이 기회'임을 강조하고 '중요한 일'임을 인식시켜야 한다.

다. 내용이 궁금해서 참을 수 없게 만들거나 '왜?'라는 의문이 들게 해야 한다.

라. '설마, 그게 가능해?' 하는 흥미를 유발시켜야 한다.

마. '왜 읽어야 하는가?' 읽어야 하는 이유를 확실하게 알려야 한다.

바. 독자의 마음을 위로하고 대변해 주는 표현을 한다.

2. 타이밍

3. 내용

4. 마케팅

5. 저자의 인지도

베스트셀러는 그냥 탄생하는 것이 아니다. 저자의 탁월한 원고 내용 외에 독자를 끄는 포장과 마케팅이 필요하다. 책을 내는 과정을 봉이 호떡에 대입해 보았다.

제목과 표지

저자는 '책은 제목이 팔 할이다.'라고 말한다. 책을 고르는 첫 번째는 제목을 보고 목차를 보는 것이다. 내용이 탁월해도 거기서 거기인 경우가 많다. 책을 선물하는 경우라면 표지에 더 관심이 간다. 포장에 신경을 더 써야 하는 것을 어찌하랴!

봉이 호떡 가게 상호는 만인이 좋아하는 집이란 뜻의 '만호당'이다.

만호당보다 '봉이 호떡'이 더 정감 어린 표현이다. 부르기 쉽고 입에 감기니 호떡이 술술 입으로 넘어간다.

타이밍

'인생은 타이밍이다.' 코로나 시대에 맞는 책을 준비하고 내놓는 것이 실력이다. 작가는 시대를 먼저 읽고 시대에 맞는 책을 내야 한다.

봉이 호떡은 1994년, 만인산에 자리 잡았다. 그때가 좋은 타이밍이었고 좋은 입지를 잡았다. 모든 일에 적절한 타이밍을 잡기가 쉽지 않다. 시대를 잘 읽어야 타이밍을 제대로 맞출 수 있다.

프랑스의 유명 사진작가 '앙리 카르티에 브레송'은 말한다. "평생 삶의 결정적 순간을 찍으려 발버둥 쳤으나 삶의 모든 순간이 결정적 순간이었다."

지금 마음먹은 때가 좋은 타이밍이다.

내용

원고의 내용이 좋으면 금상첨화다. 원고에 100% 정답이 없다. 독자가 선택하는 것이다. 좋은 내용의 책은 입소문을 타고 퍼진다. 봉이 호떡에는 꿀이 들어 있다. 꿀 빼는 일만큼 좋은 일도 없다. 꿀 빼고 산책 코스를 한 바퀴 돌면 달달한 산책이다. 입이 즐거우니 발걸음이 즐겁다. 입으로는 꿀을 빼고 손으로는 장작을 쬐며 마음을 녹인다. 화로에 장작을 잘 배치해야 따뜻해진다. 그래야 사람이 모인다.

마케팅 및 저자의 인지도

자기 PR의 시대이다. 출판 소식을 언론에 배포하고 각종 SNS에 올려야 한다. 그래야 많은 사람들이 찾아본다. 봉이 호떡도 처음에는 이름이 없었지만 나중에 이름을 지었다. '봉이 호떡' 이름은 봉수레미골, 태봉산, 정기봉, 봉화대, 그리고 대표 김봉희 씨의 이름 다섯 곳에 '봉' 자가 들어 있어 만들어졌다고 한다. 처음에는 광고했겠지만, 지금은 블로거들이 알아서 한다. 인지도는 만인산이 알아서 올려준다. 유명한 출판사에서 책을 내는 것과 같은 이유이다.

내가 가지고 있는 재능으로 타인에게 어떤 유익을 줄 수 있을까 궁리해 보자! 나를 나타낼 제목과 표지는 무엇이며 내용이 무엇인가? 내용이 먼저 준비되면 마케팅은 그다음이다.

13.
이기적인 글쓰기

내가 쓴 글이 나에게 도움이 되지 않는다면 왜 쓴 것인가? 타인에게도 도움이 되는가?

새벽을 깨워 좋은 문장을 읽으며 글을 써 내려간다. 썼다 지우기를 반복하며 맞춤법을 돌려가며 한 주제를 마무리한다. "이 정도면 됐어!" 하고 키보드 엔터 자판을 눌러 인터넷 세상에 떠나보낸다. 그 주제에 대한 생각 정리이며 더 잘 살고자 하는 영혼의 표현이다. 내 생각의 현재 표현은 현재의 옳음이다.

글 쓰는 것이 루틴이 되어도 새로운 내용을 만나야 하는 어려움이 있다. 매일 쓴다는 것은 나의 다짐이자 살아 있다는 증거이다. 짧게라도, 명언이라도, 필사라도 필사적으로 써야 하는 이유다.

장석주 저자는 『나를 살리는 글쓰기』에서 "글쓰기는 피와 종이의 전쟁이다."라고 말한다. 피 말리는 글쓰기다. 그렇게 말하고는 30년간 전업 작가로 지내며 100권을 출간했다. 결국은 전쟁의 승리자인가?

장석주 저자가 말하는 글쓰기의 4가지 원칙이 있다. '운명적 글쓰기, 감동을 주는 글쓰기, 나 자신을 증명하는 글쓰기, 행복을 주는 글쓰기'이다. 저자는 서문에서 다음과 같이 말한다.

젊은 벗에게 한 조각의 영감을 주고 싶다는 마음으로

> 글쓰기를 향한 갈망과 그 갈망이 만든 내면의 무늬들을
> 서툴고 무딘 문장으로 남긴다.

_장석주, 『나를 살리는 글쓰기』 서문 중에서

운명적으로 쓰는 글은 작가 자신을 드러내야 한다. 자신이 해낸 것을 증명해야 한다. 글쓰기를 통해 자신이 먼저 감동을 받고 행복해야 한다. 작가는 젊은 벗을 옆에 앉혀 놓고 그의 문제에 대한 해결 방향을 인생 선배로서 알려 주어야 한다. 감동과 행복을 담은 임팩트 있는 한 문장이 그 젊은이를 움직일 수 있어야 한다.

장석주 저자는 책을 완성하고 서문에 '서툴고 무딘 문장'이라고 겸손하게 말한다. 피와 종이의 전쟁에서 승리한 자의 겸손함이다. 작가의 운명적인 글쓰기는 노련하고 날카로운 문장을 만드는 것이다.

『더 시스템』의 저자 스콧 애덤스는 세상에 대한 기여도를 기준으로 3가지 유형의 사람으로 구분한다. '이기적인 사람, 멍청한 사람, 타인에게 짐이 되는 사람' 셋뿐이라고 한다.

가장 이기적인 사람은 자신의 건강을 위해 운동하고, 자신의 경력을 쌓음으로써 돈을 벌어 가족, 친구들과 즐거운 시간을 보낸다. 건강한 그는 물건을 만들어 판매한다. 그가 판매한 것으로 돈을 벌어 가족을 이롭게 한다. 그 회사가 영향을 받고 나라 경제가 잘 돌아간다. 해외로 수출된 물건은 해외 사람을 기쁘게 한다. 그가 만든 물품은 지구인만을 위한

이기적인 행동이었다. "그가 만든 물건이 서툴고 무딘 문장으로 만든 책이었을까?"라는 상상을 해 보았다.

글쓰기는 이기적이어야 한다. 이기적인 자가 되려는 갈망이 있어야 한다. 매일 갈망하고 써야 한다. 자신에게 감동을 주고 행복을 주어야 한다. 피와 키보드와의 전쟁에서 승리 후 '이 정도면 됐어!'라는 승전가를 부르며 엔터 자판을 눌러야 한다. 인터넷 세상으로 떠나간 글은 독자의 몫이다. 글 쓰는 자는 자기를 살리는 이기주의자다.

새벽에 쓰는 흔적의 축적

14.
나이 듦 수업

    들판에 독야청청(獨也靑靑) 홀로 서 있는 나무가 있다. 올해는 유난히 강한 태풍을 용케도 잘 이겨냈다. 지금은 멋진 풍채를 자랑하며 바람의 움직임에 몸을 내준다. 새들의 놀이터이며 나그네의 안식처다. 수십 년 동안 그 자리를 지키고 있다. 그 나무도 나이를 먹어간다. 연륜(나이테) 그리기를 마무리하는 중이다. 여름까지 춘재(조재)를 만들었고 이제 추재(만재)를 만들어가고 있다. 올해도 한 줄의 동심원 연륜이 쌓여간다.

    나도 나무와 같이 춘재를 만들었고 추재를 만들고 있다. 올해 연륜(나이테)은 흐릿하지만 동심원의 모양을 갖추고 있다. 흐린 부분을 진하게 하는 데 집중해야 한다.

    어떻게 하면 멋지게 나이 들어가는 것인가? 뉴스에서는 지하철 노약자석 다툼으로 꼰대니 뭐니 하는 소리가 들린다. 나이 들면 대접을 받아야 한다는 생각이 앞서는 것이다. 민증을 보여주고 나서야 결판이 나는 상황이다. 나도 나이 들면 저럴 것인가? 난 아닐 것이다. 아니어야 한다.

    '호모 헌드레드 시대, 꼰대에서 꽃대로의 전환!' 100세 시대에 중년 이후, 존엄한 인생 2막을 위해 저자 6인이 준비한 답변이 있다. 『나이듦 수업』이다. 이 책에서 고미숙 저자는 '청춘으로부터의 해방, 몸으로부터의 자유'를 말한다.

"철학을 함께하는 우정, 이를 동양에서는 '도반'이라고 합니다. 여기서 배움이 일어나면 사제지간이죠. 스승이면서 친구, 이를 '사우'라고 하죠. 인간이 맺을 수 있는 가장 아름답고 완성된 관계는 사우 관계예요." 라고 말한다. 그리고 "주로 성적 쾌락으로 구성된 소비문화와 몸의 '탐진치(욕심, 노여움, 어리석음)'로부터 해방되어야 합니다."라고 말한다.

맞다. 탐진치로부터 탈출한 자유인이 되어야 사우 관계를 가질 수 있다.

나이 들면 연륜과 품격을 보여야 한다.
나이 들면 마음과 지갑을 열어야 한다.
나이 들면 뱃살과 말수를 줄여야 한다.
추재(만재)를 잘 마무리하여 멋진 연륜(나이테)을 만들어야 한다.

나이가 들어감에 따라 나는 사람이 하는 말에 덜 귀 기울이게 되었다. 나는 그저 그들의 행동을 보고 판단한다.

_앤드류 카네기

15.
9.09cm 세 치 혀

"세 치 혀로 어떻게 말을 잘했길래 그걸 해낸 거야?"

혀는 몸의 일부이지만, 미치는 영향력이 어마어마하다. 말만 잘해도 먹고 살아갈 수 있는 세상이다.

혀는 음식물을 씹고 맛을 느끼며 말을 하도록 돕는다. 음식물을 씹는 것보다 말을 곱씹으며 할 말을 잘하는 게 중요하다.

오늘 세상에 나가 내가 할 말은 세 치(한 치 3.03cm) 혀로부터 시작된다. 어떤 화두로 시작할 것인가? 부드러운 혀가 되기 위해서는 입을 자주 풀어야 한다. 준비 없는 혀의 어설픈 발음은 입을 어눌하게 한다. 준비 없는 생각의 말은 혀를 당황하게 한다.

말할 때 발음이 잘되도록 혀에게 부탁하자. 발음이 잘 안 되는 것을 너무 무리하면서까지 부탁하지 말자. 미리미리 좋은 말을 해서 안정감 있게 발음하도록 연습하자. 모든 일을 놀이처럼 하라고 한다. 혀를 잘 놀리는 놀이가 필요하다.

9.09cm 혀를 잘 다스리는 방법을 정리해 보았다.

1. 입을 자주 청소(발음을 잘하기 위한 기본자세).
2. 입을 자주 풀자(부르르르르~~~~, 아이우에오).
3. 입을 크게 열자(입을 크게 열자, 가수 소향의 입을 보라).
4. 언어유희 놀이(간장공장 공장장은 강 공장장이고 된장공장 공장장은 장 공장장 등).
5. 좋은 노래 부름(10월의 어느 멋진 날에, 레퍼토리 노래).
6. 좋은 말씀 암송(명언, 자기사명문 암송).

유재석은 "혀를 다스리는 건 나이지만, 내뱉어진 말은 나를 다스린다."라고 말한다. 또한 "말을 혀로만 하지 말고 눈과 표정으로 말해라."라고 말한다.

혀를 다스릴 수 있는 사람은 마음을 다스릴 수 있다. 마음을 다스릴 수 있는 사람은 행동을 다스릴 수 있다. 행동을 다스릴 수 있는 사람은 스스로를 다스릴 수 있다.

_바바하리다스(속담)

16.
거창한 계획에 앞서

모든 사람이 원하는 모든 계획을 이룬다면 얼마나 좋을까? 세 가지 소원을 말하면 그 소원을 들어주는 '지니'와 같이 말이다. 고등학생을 둔 학부형으로서 누구나 겪는 자녀의 대학 진로에 대한 고민이 있다. 진로를 결정하느라 아이의 고민이 이만저만이 아니다. 공부할 양이 많아서인지 몸도 마음도 힘들어 보인다. 나는 도움을 요청할 때만 잠깐 도와주고 멀리서 응원만 하고 있을 뿐이다.

거창고등학교의 직업 선택의 십계명은 다음과 같다.

1. 월급이 적은 쪽을 택하라.
2. 내가 원하는 곳이 아니라 나를 필요로 하는 곳을 택하라.
3. 승진 기회가 거의 없는 곳을 택하라.
4. 모든 조건이 갖추어진 곳을 피하고 처음부터 시작해야 하는 황무지를 택하라.
5. 앞을 다투어 모여드는 곳은 절대 가지 마라. 아무도 가지 않은 곳으로 가라.
6. 장래성이 전혀 없다고 생각되는 곳으로 가라.

10가지 모두 다 어려운 내용이지만 나를 필요로 하는 곳, 황무지, 아무도 가지 않은 곳이 마음에 와 닿는다. 그 길을 찾아야 하는 학생들에게는 쉽지 않은 상황이다. 그래서 금수저로 태어나 건물주가 되는 것을 꿈꾸는 것 같다.

유대인 청소년들은 만 13세가 되면 성인식(*바르 미츠바, 바르-아들, 미츠바-계약)을 하게 되는데 이때 받는 3가지가 있다. 그 세 가지는 구약성경 토라, 손목시계, 축의금이다. 그 의미는 다음과 같다.

* 아들은 바르 미츠바, 딸은 바트 미츠바

1. 성경책 : 신에게 부끄럽지 않은 책임 있는 인간으로서의 삶

2. 시계 : 신과의 약속을 잘 지키고 시간을 소중히 함

3. 축의금 : 유산을 물려주며 경제적 독립

세계를 주름잡는 유대인의 비밀이 있었다. 이런 성인식 문화를 부러워하지 말고 배워서 실천해야겠다. 여기에 '하브루타'와 '후츠파' 문화도 수용해야 한다.

거창한 계획에 앞서 나 자신과 자녀의 계획을 어떻게 할지 돌아보는 시간을 가져야 한다.

17.
일의 결실은 농부의 마음으로

10월 중순 지인의 작은 농원에서 딱 하루 자색 고구마를 캤다. 그때는 "글쓰기가 제일 쉬웠어요!"가 절로 나왔다. 텃밭 재배는 즐거우나 전업 농부는 생사가 걸린 문제다.

태풍과 잦은 비는 농사짓기를 어렵게 한다. 고구마는 기후의 영향을 덜 받는 편이지만 다른 작물은 영향을 많이 받는다. 다행히 지인은 유기농 마늘이 잘 되어 괜찮게 수확했다고 한다. 판로도 잘 연결되어 큰 문제 없이 완판되었다고 하니 큰 기쁨이다.

지인은 올해도 유기농 마늘 재배를 준비하고 있다. 환자분들이 유기농 마늘을 자주 찾는다고 하니 사명감도 생긴다고 한다. 마늘 재배는 10월 씨 뿌리기를 시작으로, 거두기까지 8개월의 대장정이다. 야구와 같이 긴 페넌트 레이스경기다.
『도시 사람을 위한 주말농사 텃밭 가꾸기』의 마늘 재배를 묵상해 보았다.

밭 만들기
마늘은 거름지고 물 빠짐이 좋은 땅에서 자란다. 특히 50% 이상의 점토질 땅에서 자라야 뿌리도 건강하고 병과 더위 추위에도 강하게 견딘다. 마늘 심기 일주일 전에는 퇴비를 넉넉히 뿌려주고 땅을 다시 한 번 갈아준다.

목표는 자기가 할 것이 맞는지 이리저리 생각해 봐야 한다. 하지도 못할 목표를 세웠다가는 작심삼일의 벽과 이루지 못한 자책감에 어려워진다. 목표를 세우기까지 이것저것 생각해 보고 정리해 보자. 진짜 하고 싶은 것이 맞는지!

씨 뿌리기

씨 뿌리기는 좋은 씨앗을 골라야 한다. 알이 굵고 껍질이 희고 윤기가 나면 좋다. 한 접(100알)을 사는 경우 일일이 만져 보면서 확인해야 한다.

큰 목표가 정해졌으면 세부 실행사항을 체크해야 한다. 작은 목표들을 하나하나 살펴보자. 스몰 스텝으로 접근하자. 미라클 모닝의 경우 10분 더 일찍 일어나기 등….

가꾸기

덮어 주었던 왕겨나 짚은 3월이면 걷어 주고 거름을 주고 흙과 섞는다. 4~5월에는 통이 잘 자라도록 물을 충분히 준다. 잡초가 많으면 풀매기를 자주 해준다. 마늘의 병충해는 탄저병, 노균병, 검은 무늬병 같은 것이 있다. 마늘종이 너무 크면 잘라 주어야 한다.

어느 정도의 궤도에 올랐으면 중간 성과를 체크해 보고, 자신에게 보상해야 재미가 있다. 의미도 있으면 금상첨화다. "이만하면 됐어."라는 유혹에 빠지지 않도록 잘 관리해야 한다.

거두기와 갈무리

5월 하순에서 6월이 되면 잎이 반 정도 누렇게 된다. 수확은 날씨가 맑은 날에 거두어 2~3일씩 말린다. 제대로 말려야 곰팡이가 생기지 않는다.

정했던 목표를 이루기까지 정말 오래 걸린다. 뒷마무리는 더 신경을 써야 한다. 초고보다 탈고가 어려운 이유라고 한다. 여태까지 애써 가꾸어 온 논밭을 다 갈아엎지 않도록 잘 살펴야 한다.

쓰임새

약용으로 쓰이는 밭 마늘은 에어 프라이어에 넣고 구워 먹는다. 마늘은 기본양념 등 쓰임새가 다양하다. 여러 가지 채소와 고기 먹을 때 유용하며 항암 효과가 있다.

목표였던 성과물이 제대로 쓰임 받도록 해야 한다. 작은 성과물이 누군가에게 꼭 필요한 것일 수도 있으므로 홍보하고 알려 주어야 한다.

마늘의 삶이 우리의 삶이 아닌지 생각해 보았다. 8개월 동안 추운 겨울나기를 하면서 땅에 묻혀 있다. 땅속에서 치열하게 싸운 내공이 항암 효과라는 결과로 나온다. 그리고 각종 요리의 양념으로 쓰인다. 크게 쓰임 받지 못하더라도 하늘의 섭리를 받아들인다. 마늘의 수확을 기다리는 것이 농부의 마음이다. 내년에 수확될 유기농 마늘을 준비하는 지인을 응원한다. 내년에도 마늘을 찾는 환우분들이 있을 것이다. 농사는 하늘과 땅이 만든 걸작품이다. 오늘은 농부의 마음으로 시작한다. 일은 바쁘지만 결실은 조급하지 않게!

새벽에 쓰는 흔적의 축적

18.
죽음을 찾는 거룩한 바보, 장기려 박사

거룩한 삶을 살라고 한다. 앉아서 생각하면 의욕은 충만하나 돌아서면 현실이다. 장기려 박사의 삶을 보고 거룩함을 알게 되었다. 그는 삶이 아닌 죽음을 찾는 거룩한 바보였다.

그는 1950년, UN군과 앰뷸런스를 타고 월남하면서 차창 밖 아내와 딸을 보았다. 같이 타고 남쪽으로 가고 싶었지만 손을 쓸 수 없었던 허탈감이 있었다. 그것을 애틋한 마지막 사랑으로 간직했다. 그가 평생 독신으로 살았던 이유였을 것이다. 어려운 이웃을 돕는 이유도 어딘가에서 살고 있을 가족을 위함이었다.

이웃을 돕는 이유를 다음과 같이 설명한다.

내가 이렇게 이웃을 돕고 있으면 내 부모님과 내 처자식도 누군가의 도움을 받아 살아낼 수 있을 것이다.

_장기려, 사랑은 기적을 이룬다. 유튜브(KOREAN DIASPORA KBS)

장기려 박사의 삶을 요약해 보니 숨을 곳을 찾게 된다.

1. 1911년 평안북도 용천군에서 태어남.
2. 1932년 김봉숙 여사와 결혼, 3남 3녀를 둠(평생 재혼하지 않고 독신).
3. 1940년 평양연합기독병원의 외과 과장, 1945년~1950년 평남 제1 인민병원 원장.
4. 1950년 평양에 진주한 UN군과 월남(2남 장가용), 군용차에서 아내와 딸을 바라봄.
5. 1950년 12월 부산에 도착.
6. 1951년 전영창(거창고 설립자)과 함께 천막 복음병원 설립.
7. 1956년 복음병원(현 고신대 병원) 신축 건립, 원장으로 근무.
8. 1969년 '청십자의료보험조합' 설립(전국민 의료보험의 기초).
9. 1976년 '청십자사회복지회' 설립.
10. 1979년 막사이사이상 수상(상금 2만 달러 - 청십자사회복지회 출연).
11. 1988년 '종들의 모임'에서 세례를 받고 무소유 일관.
12. 1985년 정부의 이산가족상봉 기회 마다함(특혜 시비 원천 차단), 병원 옥탑방 이주

출처 : 지강유철, 『장기려, 그 사람』 참고

그는 경성의전에 입학하면서 돈이 없어 의사를 보지 못하고 죽어가는 사람을 위하여 평생을 바치겠다고 다짐한다. 그에게 의사는 단순 직업이 아니었다. 의사는 신이 허락한 생명을 살려내는 성스럽고 존귀한 소명이라고 생각했다. 1951년 부산에 피난민을 위한 천막 병원을 세운다. 5년간의 노력으로 1956년 복음병원(현 고신대)을 신축하는 결실을 맺게 된다. 1969년 전 국민 의료보험의 시초인 '청십자 의료보험조합'을 설립한다. 그는 평생 가난한 환자들의 의사였다.

장기려 박사의 회갑 날 함석헌 선생과의 대화는 유머도 있다. 삶의 고수들과의 대화는 언제나 다르다.

함석헌 : 장박사가 어디 능력이 있어서 일을 하나, 욕심이 없으니 다 되는 거지

장기려 : 늙어서 별로 가진 것이 없다는 것은 다소의 기쁨이긴 하나, 죽었을 때 물레밖에 안 남겼다는 간디에 비하면 나는 아직도 가진 것이 너무 많아요. 가진 것이 너무 많아 '자기를 부정하고 자기 십자가를 지고 나를 따라오라.' 하신 예수님의 말씀에 아직은 급제 못 했다는 생각에 부족을 느끼면서 살고 있지요.

출처 : 한국컴퓨터선교회(http://kcm.kr), 인명사전

그는 집 한 채 없이 병원에서 제공한 병원 옥탑방에 홀로 살면서 통장에 1천만 원 잔고만을 남기고 여생을 마무리한다.

장기려 박사의 죽음을 향한 메시지는 다음과 같다.

사랑은 다른 사람을 위한 죽음이다. 그리고 영원한 생명은 사랑이다. 그러므로 참 생명은 죽음에 있다고 하는 것을 알 수 있다.

죽음을 두려워하거나 목숨을 아끼는 자에게는 생명이 없다.

잘 죽는 자가 잘사는 자다. 다른 사람을 위해서 자기 목숨을 버리는 자만이 영원한 생명을 소유한 사람이다. 다시 말하면 생명은 죽음에 있다.

사랑의 죽음은 생명을 얻는 유일한 길이다. 그래서 사도 요한의 사랑의 철학은 생명철학의 일대 혁명이다. 이제부터 다시는 죽음을 두려워하지 아니하

리라. 도리어 열심히 이 죽음의 길을 찾을 것이다.

_지강유철, 『장기려, 그 사람』

장기려 박사의 삶을 공부하고 정리하면서 눈가가 촉촉해졌다. 거룩의 단어가 구체화되었다. 사랑받지 못한다고 슬퍼하지 말고 기회가 되는대로 먼저 도울 방법을 찾아보자. 죽음이 아니라도 죽음 언저리 입구에라도 바보처럼 다가가자.

새벽에 쓰는 흔적의 축적

19.
안심하고 안심(Tenderloin)으로 안갚음

'낳아 주고 길러주신 부모님 은혜를 지금까지 몇 %나 갚았나?' 질문을 하고 보니 숙연해진다.

우리 마음이 안심(安心)되어야 부모님께 안갚음할 수 있다. 세상일이 내 마음대로 되지 않고 불안한 마음이 되면 부모님께 안갚음할 수 없다.

안갚음이란 '자식이 커서 부모를 봉양하는 일'이란 뜻이다. 안갚음의 '안'은 마음이다. 안갚음의 다른 뜻은 반포지효(反哺之孝), '까마귀 새끼가 자라서 늙은 어미에게 먹이를 물어다 주는 일'이다.

안갚음은 부모님의 은혜를 갚는 것이다. 안받음은 자식이나 새끼에게 베푼 은혜에 대하여 안갚음을 받는 일이란 뜻이다. 앙갚음은 해를 입힌 자에게 억울함을 풀기 위해 복수하는 것을 말한다.

요즘 돈, 상속 문제와 관련된 가족 간의 불화 소식이 종종 뉴스에서 들린다. 돈 문제를 넘어 안갚음이 아닌 앙갚음으로 부모님께 돌려주는 일이 벌어지니 통탄할 일이다.

옛날에 늙고 쇠약한 부모를 산에다 버렸다는 장례 풍습이 있었다. 이 고려장 이야기는 실제 이야기가 아닌 설화이다.

어느 날 아버지가 지게에 할아버지를 메고 아들과 함께 산으로 간다.

아버지가 할아버지를 산에 버리고 가려는 순간 아들이 지게를 챙긴다. 아버지가 아들에게 말한다. "그 지게는 놔두고 가렴." 아들이 대답한다. "이것도 나중에 사려면 돈 줘야 해요. 다음에 아버지 고려장에 쓰려면 미리 준비해야 해요." 아들의 유비무환 정신에 아버지는 고개를 떨구고 할아버지를 지게에 극진히 모시고 내려간다. 삼부자의 마음은 부자가 되었다.

눈으로 보고 귀로 직접 듣고 경험해야 비로소 믿어진다. 고기도 먹어본 놈이 고기 맛을 안다. 어미 까마귀가 고기를 물어다 새끼 까마귀에게 먹인다. 늙은 어미의 행동을 보고 배운 대로 따라 한다. 그 행동이 각인되어 어미에게 그대로 안갚음한다. 까마귀가 안갚음하는 것이 진짜 안갚음이다.

가끔 친구와 등산을 한다. 지게꾼의 마음으로 등산을 하려 한다. 지게에 메고 갈 것은 무엇이며 버리고 올 것은 무엇인가? 어머니께 안심(Tenderloin) 몇 근을 보내드려야겠다. 안심을 보내드려야 내 마음이 안심되고 안갚음하는 것 같은 마음이 든다.

도움을 준 타인의 은혜를 갚으려고 풀을 묶어 은혜를 갚는 것이 결초보은이다.
　결초보은 결사행동 배은망덕 경거망동
　부모님께 안갚음하는 것은 결초보은 결사행동이고
　부모님께 앙갚음하는 것은 배은망덕 경거망동이다.

20.
새해, 새달의 화두

새해 나에게, 우리에게, 사회에, 나라에, 세계에 던지는 화두(話頭)는
무엇인가?

지식생태학자 유영만 교수님께서 「지도 없는 길을 가야 새로운 지도
를 그릴 수 있다」를 전격 발표했다. 이런 생각지도 못한 생각은 어디서
오는가? 사회와 나라의 생태계를 위한 생각이다. '2021년, 일상과 함께
비상하는 7가지 화두의 상상'은 다음과 같다.

2021년, 일상과 함께 비상하는 7가지 화두

1. 반성과 성찰: 개인 차원의 반성을 넘어 사회 구조적 각성이 따르는 성찰이
성숙으로 연결된다.
2. 경청과 긍휼: 역지사지로 타자의 아픔을 귀 기울여 들어 봐야 애가 타기
시작한다.
3. 인정과 포용: 다름의 차이를 끌어안고 새로운 가능성을 모색할 때 관문이
열린다.
4. 겸손과 배려: 배우는 자세로 낮추고 상대의 마음을 헤아려 보살펴 준다.
5. 존중과 환대: 다름과 차이를 인정해 주고 따뜻한 가슴으로 품어 준다.

2020년 코로나가 덮친 후 우리 생활에 닥친 변화는 엎친 데 덮친 격이다. 집과 직장 등 한정된 공간에 갇혀 옴짝달싹하지 못하는 상황이다. 자영업 하는 분들에게는 생사가 걸린 문제이다. 주위에 코로나에 걸린 사람이라도 나오면 민폐를 끼친 사람이 된다. 2021년 적절하게 우리에게 던진 화두라고 생각한다. 나부터 자신을 돌아보고 새로운 뭔가를 찾아내어 실마리를 풀어야 한다.

7가지 화두를 생각하며 우리가 몸을 이용해서 할 수 있는지를 생각해 보았다.

머리로는 반성하고 성찰하고

양쪽 귀로 경청하고

가슴으로 인정하고 포용하며(긍휼히)

두 손으로 겸손하게 배려하고

한입으로 존중하고 위로하고

모든 팔로 환대하고 연대하고

온몸으로 융합하고 창조한다.

7가지 화두를 생각하며 7가지 질문을 만들었다.

재미있는 신세대 속담이 있다. 아는 길은 곧장 가면 그만이다. 호랑이를 만나도 죽지 않으면 산다. 살아서 못 올라갈 나무에 사다리를 놓고 오르면 된다. 요즘 서당 개는 삼 년 내내 풍월 암기하며 라면 끓이다 보신탕 되기에 십상이다. 서당 개도 라면 외에 주인을 위로하는 꼬리 흔들기를 연마 중이다. 요즘 개도 4시간만 일하고 라면은 외주를 준다고 한다.

새해, 새달이 되면 자신에게 던지는 화두는 무엇인가?

21.
기술사 자격증

　기술사 자격증을 취득하는데 거의 5년이라는 인고의 시간이 걸렸다. 통신분야 공부가 광범위하고 기술이 급변하다 보니 어려움이 많았다. 많은 사람들이 기술사 자격증 취득에 도전한다. 나의 공부법을 요약하면 단권화(單卷化), 네트워킹, 반복, 복창으로 설명할 수 있다. 한 마디로 단내나는 반복이다.

첫째는 단권화해야 한다

　방대한 자료를 단권화한 최신의 서브 노트를 확보하는 것이 합격의 관건이다. 기술사 시험은 최신 자료와 시간 내 쓰기의 싸움이다. 특히 최신 동향을 반영한 최신 기술동향이나 논문을 잘 찾아 정리해야 한다. 서브 노트에는 주요 기출 문제 정리가 필수이다. 자신이 쉽게 암기할 수 있도록 요약하여 단권화한 자료를 만들어야 한다.

둘째는 네트워킹으로 공부해야 한다

　혼자 공부해도 상관은 없다. 그러나 오랜 시간이 걸린다. 시간을 단축하려면 좋은 학원을 선택해야 한다. 지방인 경우에는 동영상 공부 또는 스터디 그룹을 만들어 공부한다. 본인도 학원을 다녔으며 인터넷 카페 회원들과 함께 공부하며 실력을 키웠다. 함께 공부한 회원들은 현재 소중한 인적 네트워크가 되었다. 자신의 전문 분야 외에 타 분야의 지식을 네트워킹으로 주고받을 수 있다. 그게 네트워킹의 힘이다.

셋째는 반복이다

공부는 반복해야 한다. 기술사 1차 시험은 4교시로 치러진다. 1교시는 100분 동안 13문제 중 10문제를 풀어야 한다. 우물쭈물할 시간이 없다. 보통 소설을 쓰는 것처럼 신속하게 써야 분량을 채울 수 있다. 2~4교시는 6문제 중 4문제를 선택하여 푼다. 남들이 어려워하는 문제를 풀어야 고득점이 가능하다. 3~4교시가 되면 손과 팔이 아파 손발이 떨리는 분들이 있다. 평소 쓰는 훈련을 해야 실전에서 지치고 않고 쓸 수 있다. 공부는 체력전이다.

넷째는 복창이다

자격증 시험에 무슨 복창이냐 물을 것이다. 기술사 2차 시험은 면접 시험이다. 3명의 면접 위원이 질의를 한다. 질의에 즉흥적으로 답변하는 연습을 해야 한다. 향후 프레젠테이션 발표 등 보고할 일이 많아진다. 말하는 연습이 큰 도움이 될 것이다. 네트워킹으로 모인 인터넷 카페 회원들과 모의 면접을 하며 준비를 했다. 스피치 능력이 또 다른 무기이다. 아무것도 없는 칠판에 강의하듯 복창하면서 써보는 것도 좋다.

기술사 자격증을 취득하려면

기술적인 내용을

술술 암기하며

사부작사부작 시간 내에 잘 쓰고 말해야 합격할 수 있다.

단권화와 네트워킹, 반복과 복창을 통해 합격 시간을 단축하기를 바란다.

새벽에 쓰면서 알아낸 것들

1. 일단 앉아라. 그리고 글을 써라. 쓰다 보면 는다.
2. 이면까지 봐야 본질을 볼 수 있다.
3. 삼세번이다. 한 번 실패했다고 포기하지 마라.
4. 사소한 생각도 무조건 기록해라. 기록하면 아이디어가 된다.
5. 오죽했으면 헤밍웨이가 모든 초고는 쓰레기라고 했겠나!
6. 육감을 이용해서 글을 써라. 오감이면 부족하다.

자기 생각을 구조화해야 어려운 사람을 구조할 수 있다.
같잖은 실력에도 노력의 흔적이 쌓이면 이전 같지 않은 실력이 나타난다.

독서하고 요약해야 유약하지 않고 나약하지 않게 된다.
시를 짓고 시를 써야 시시(詩詩)하지 않은 생을 살아간다.
자기 말로 정의해야 남의 말에 휘둘리지 않는다.
생각한 것을 정리해야 정리된 생각으로 살게 된다.
일상이 기적이다.

새벽에 쓰는 흔적의 축적

새벽에

새벽은 역사가 탄생하는 시간이다. 고수들만의 시간의 영역이었던 낯선 새벽 시간을 점유하여 자유롭게 누리고 있다. 한 번 누린 새벽 루틴은 중단할 수 없는 삶의 일부가 되었다. 미라클 모닝이라는 유행에 편승한 것은 최고의 선택이었다. 새벽은 무언가를 만드는 창조의 시간이다.

쓰는

글을 쓰는 것은 나 자신을 수양하는 것이다. 아무것도 없는 백지장에서 누군가의 책을 읽고 의견을 수용하고 생각하고 표현하게 되었다. 읽고 쓰고 정리한 문장이 입으로 터져 나온다. 입으로 나온 말은 좀 더 나은 삶을 위한 방편이다. 뭐라도 써야 살아지는 것 같다.

흔적의

호랑이는 죽어서 가죽을 남긴다는데 뭐라도 흔적을 남기고 싶었다.

블로그에 쓴 글의 흔적이 책이 되었다. 매일 하는 것이 자신을 만든다. 어떤 흔적을 남기느냐는 모든 인생의 과제이다.

축적

역사가 이루어지려면 축적의 시간이 필요하다. 축적의 시간은 축제의 시간이다. 축적이 되어야 임계점을 돌파한 무언가가 나온다.

이 책을 내는 과정은 지난한 과정이었다. 지나고 보니 이 축적의 시간은 추억의 시간이었다.

새벽을 점유하라. 일부라도.

글을 써라. 짧게라도.

흔적을 남겨라. 자신만의.

축적하라. 흔적을!

『새벽에 쓰는 흔적의 축적』은 나의 또 다른 흔적의 축적을 예고한다. 과연 어떤 길인지 궁금하다.

"흔적이 축적되면 기적이 일어난다." 이젠 여러분 차례이다.

조현상(긍정의 조나단)

참고자료

- 팀 페리스, 『지금 하지 않으면 언제 하겠는가』 토네이도, 2018.

- 이지성, 『에이트』 차이정원, 2019.

- 한근태, 『일생에 한번은 고수를 만나라』 미래의 창, 2013.

- 벤저민 하디, 『최고의 변화는 어디서 시작되는가』 비즈니스 북스, 2018.

- 와카스 아메드, 『폴리매스』 안드로메디안, 2020.

- 유영만, 『이런 사람 만나지 마세요』 나무생각, 2019.

- 박용환, 『양에 집중하라』 세이지, 2016.

- 야마다 아키오, 『야마다 사장, 샐러리맨의 천국을 만들다』 21세기북스. 2007.

- 자오위핑, 『자기통제의 승부사』 위즈덤하우스, 2013.

- 고미숙, 『공부의 달인 호모쿵푸스』 북드라망, 2012.

- 켄 시게마츠, 『예수를 입는 시간』 두란노서원, 2019.

- 레프 톨스토이, 『톨스토이 참회록』 범우사, 1998.

- 유영만, 『책 쓰기는 애쓰기다』 나무생각, 2020.

- 이은대, 『책쓰기』 바이북스, 2020.

- 키스 캐머런 스미스, 『더 리치』 비즈니스북스, 2020.

- 석한남, 『다산과 추사, 유배를 즐기다』 시루, 2017.

- 애슐리 반스, 『일론 머스크, 미래의 설계자』 김영사, 2015.

- 구본형, 『깊은 인생』 휴머니스트, 2011.

- 강준민, 『시작의 지혜』 두란노서원, 2019.

- 서광원, 『시작하라 그들처럼』 흐름출판, 2011년

- 정윤수, 「페널티킥을 맞이한 골키퍼의 불안」, 『축구대백과』, 2013.

- 폴 윌슨, 『평온함에 관한 작은 책』 창조인, 1998.

- 이강호, <글로벌 시대, 어떻게 살 것인가>, 유튜브 강연

- 최우석, 조성호 기자, "[심층탐구] '인간 최재형 감사원장', 그 삶의 궤적", 「월간조선」

- 주철환, 『더 좋은 날들은 지금부터다』 중앙M&B, 2013.

- 김민섭, 『훈의 시대』 와이즈베리, 2018.

- 주철환, 『청춘』 춘명, 2010.

- 양원근 『책쓰기가 이렇게 쉬울 줄이야』 오렌지 연필, 2019.

- 장석주, 『나를 살리는 글쓰기』 중앙북스, 2018.

- 고미숙, 정희진 외 4명, 『나이듦 수업』 서해문집, 2016.

- 전국귀농운동본부, 『도시 사람을 위한 주말농사 텃밭 가꾸기』 들녘, 2001.

- 지강유철, 『장기려, 그 사람』 홍성사, 2007.

- "장기려와 함석헌의 대화", 한국컴퓨터선교회, 사전(인명사전)

새벽에 쓰는
흔적의 축적

초판 1쇄 인쇄 2021년 02월 26일
초판 1쇄 발행 2021년 03월 05일

지은이 조현상(긍정의 조나단)
펴낸이 류태연
편집 김지인 | **디자인** 장서희 | **마케팅** 이재영

펴낸곳 렛츠북
주소 서울시 마포구 독막로3길 28-17, 3층(서교동)
등록 2015년 05월 15일 제2018-000065호
전화 070-4786-4823 **팩스** 070-7610-2823
이메일 letsbook2@naver.com **홈페이지** http://www.letsbook21.co.kr
블로그 https://blog.naver.com/letsbook2 **인스타그램** @letsbook2

ISBN 979-11-6054-444-2 03190

———